AF453820

LE

CALCUL DES ÉCOLES RURALES

ET

DES CLASSES D'ADULTES

—

SOLUTIONS

PARIS. — EDOUARD BLOT, IMPRIMEUR, RUE TURENNE, 66

LE
CALCUL DES ÉCOLES RURALES

ET DES

CLASSES D'ADULTES

OU

PROBLÈMES SUR L'AGRICULTURE, L'ÉCONOMIE DOMESTIQUE

L'ÉCONOMIE RURALE, L'INDUSTRIE, ETC., ETC.

PAR

P.-P. NIOCEL

LIVRE DU MAITRE

(Solutions raisonnées des Problèmes)

PARIS

LAROUSSE ET BOYER, LIBRAIRES-ÉDITEURS

49, RUE SAINT-ANDRÉ-DES-ARTS, 49

1867

SOLUTIONS DES PROBLÈMES

DU

CALCUL DES ÉCOLES RURALES

PREMIÈRE PARTIE

AVIS AUX MAÎTRES

La disposition de la solution des problèmes du *Calcul des Écoles rurales* est celle que l'on donne ordinairement aux **factures, mémoires, devis,** etc.

La *mise au net* des problèmes, sur les cahiers des élèves, devra être, autant que possible, conforme aux modèles que l'on trouvera ici. Cette disposition n'a rien d'absolu ; elle pourra être modifiée au gré des Instituteurs. Cependant nous croyons devoir la recommander à l'attention des Maîtres, parce qu'elle initie, dès l'école, les enfants à l'exercice de la *comptabilité*, qui est la fin du calcul.

PROBLÈME 1. — 101—106—111—116—121—126—131—136 —141—146—151—156—161—166—171—176—181— 186—191—196—201—206—211—216—221—226—231 —236—241—246—251—256—261—266—271—276— 281—286—291—296.

P. **2.** — 202—207—212—217—222—227—232—237—242—247—252—257—262—267— 272— 277— 282— 287—292—297—302—307—312—317—322—327—332—337—342—347—352—357— 362— 367— 372— 377— 382—387—392—397—402—407—412—417—422—427—432—437—442—447—452— 457— 462— 467— 472— 477—482—487—492—497.

P. **3.** — 503—508—513—518—523—528—533—538—543—548—553—558—563—568— 573— 578— 583— 588—593—598—603—608—613—618—623—628—633—638—643—648— 653—658—663— 668— 673— 678— 683—688—693—698—703—708—713—718—723—728—733—738—743—748—753—758— 763— 768— 673— 778—783—788—793—798.

P. **4.** — 804—809—814—819—824—829—834—839—844—849—854—859—864—869— 874— 879— 884— 889—894—899—904—909—914—919—924—929—934—939—944—949—954—959—964— 969— 974— 979— 984—989—994—999.

P. **5.** — 1 001—1 101—1 201—1 301—1 401—1 501—1 601—1 701—1 801—1 901—2 001—2 101—2 201—2 301—2 401—2 501—2 601—2 701—2 801—2 901—3 001.

P. **6.** — 3 011—3 111—3 211—3 311—3 411—3 511—3 611— 3 711—3 811—3 911—4 011—4 111—4 211—4 311—4 411—4 511—4 611—4 711—4 811—4 911—5 011.

P. **7.** — 5 111—5 211—5 311—5 411—5 511—5 611—5 711— 5 811—5 911—6 011—6 111—6 211—6 311—6 411—6 511—6 611—6 711—6 811—6 911—7 011—7 111.

P. **8.** — 7 020—7 120—7 220—7 320—7 420—7 520—7 620— 7 720—7 820—7 920—8 020—8 120—8 220—8 320—8 420—8 520—8 620—8 720—8 820—8 920—9 020.

P. **9.** — 10 002—11 002—12 002—13 002—14 002—15 002

— 16 002—17 002—18 002—19 002—20 002—21 002—
22 002—23 002—24 002—25 002—26 002—27 002—
28 002—29 002—30 002—31 002—32 002—33 002—
34 002—35 002—36 002—37 002—38 002—39 002—
40 002—41 002—42 002—43 002—44 002—45 002—
46 002—47 002—48 002—49 002—50 002.

P. 10. — 50 000—50 050—50 100—50 150—50 200—50 250
—50 300—50 350—50 400—50 450—50 500—50 550—
50 600—50 650—50 700—50 750—50 800—50 850—
50 900—50 950—51 000—51 050—51 100—51 150—
51 200—51 250—51 300—51 350—51 400—51 450—
51 500—51 550—51 600—51 650—51 700—51 750—
51 800—51 850—51 900—51 950—52 000.

P. 11. — 52 000—52 500—53 000—53 500—54 000—54 500
—55 000—55 500—56 000—56 500—57 000—57 500—
58 000—58 500—59 000—59 500—60 000—60 500—
61 000—61 500—62 000—62 500—63 000—63 500—
64 000—64 500—65 000—65 500—66 000—66 500—
67 000—67 500—68 000—68 500—69 000—69 500—
70 000—70 500—71 000—71 500—72 000—72 500—
73 000—73 500—74 000—74 500—75 000—75 500—
76 000—76 500—77 000—77 500—78 000—78 500—
79 000—79 500—80 000—80 500—81 000—81 500—
82 000—82 500—83 000—83 500—84 000—84 500—
85 000—85 500—86 000—86 500—87 000—87 500—
88 000—88 500—89 000—89 500—90 000—90 500—
91 000—91 500—92 000—92 500—93 000—93 500—
94 000—94 500—95 000—95 500—96 000—96 500—
97 000—97 500—98 000—98 500—99 000—99 500—
100 000.

P. 12. — 100 000—110 000—120 000—130 000—140 000—
150 000—160 000—170 000—180 000—190 000—
200 000—210 000—220 000—230 000—240 000—
250 000—260 000—270 000—280 000—290 000—

300 000 — 310 000 — 320 000 — 330 000 — 340 000 —
350 000 — 360 000 — 370 000 — 380 000 — 390 000 —
400 000 — 410 000 — 420 000 — 430 000 — 440 000 —
450 000 — 460 000 — 470 000 — 480 000 — 490 000 —
500 000 — 510 000 — 520 000 — 530 000 — 540 000 —
550 000 — 560 000 — 570 000 — 580 000 — 590 000 —
600 000 — 610 000 — 620 000 — 630 000 — 640 000 —
650 000 — 660 000 — 670 000 — 680 000 — 690 000 —
700 000 — 710 000 — 720 000 — 630 000 — 740 000 —
750 000 — 760 000 — 770 000 — 780 000 — 790 000 —
800 000 — 810 000 — 820 000 — 830 000 — 840 000 —
850 000 — 860 000 — 870 000 — 880 000 — 890 000 —
900 000 — 910 000 — 920 000 — 930 000 — 940 000 —
950 000 — 960 000 — 970 000 — 980 000 — 990 000 —
1 000 000.

P. 13. — 10 — 15 — 100 — 130 — 400 — 1 000.

P. 14. — 1 000 — 5 410 — 8 700.

P. 15. — 10 000 — 20 004 — 30 019 — 40 925 — 75 803.

P. 16. — 200 007 — 500 036 — 600 415 — 302 526 — 983 647.

P. 17. — 3 000 000 — 4 000 003 — 12 000 057 — 80 000 100
— 501 001 000.

P. 18. — 92 — 519 — 6 008 — 9 999.

P. 19. — 15 310 — 77 004 — 92 033.

P. 20. — 505 505 — 328 028 — 679 907.

P. 21. — 607 004 012 — 918 130 000 — 800 000 003.

P. 22. — 7 000 000 000 — 15 000 600 000 — 202 000 100 016
— 411 000 000 639.

P. 23. — Dix-neuf unités — deux cent sept unités — sept cent
quatre-vingt-dix-neuf unités — mille vingt unités — trois
mille sept cents unités — huit mille quatre-vingt-dix-neuf
unités.

P. 24. — Vingt-cinq mille dix unités — soixante-six mille neuf cent trois unités — quatre-vingt mille unités — soixante-douze mille neuf cent vingt-cinq unités.

P. 25. — Quatre cent mille cinq cents unités — trois cent dix-sept mille quarante unités — sept cent sept mille cent unités — neuf cent dix-neuf mille sept cent soixante-dix-sept unités.

P. 26. — Six millions d'unités — sept millions trois unités — quatre millions cent unités — huit millions neuf mille sept unités.

P. 27. — Douze millions huit mille deux cent quarante unités — vingt-sept millions trois cent un mille dix-neuf unités — trente-trois millions trente-trois mille trente-trois unités.

P. 28. — Quarante-cinq millions 'trois cent quatre mille cinq cent six unités — quatre-vingt-quinze millions neuf cent cinquante mille neuf cent cinquante unités — quatre-vingt-quatre millions huit cent un mille quatre cent dix-sept unités.

P. 29. — Cinq cent millions quinze mille cinq cents unités — cent dix-sept millions quatre cent trois mille cent quatre unités — sept cent cinq millions quatre cent douze mille unités.

P. 30. — Six cent soixante-quinze millions neuf cent quatre-vingt-douze mille soixante-dix-huit unités — sept cent vingt-quatre millions quatre cent vingt-sept mille trois cent dix-neuf unités — neuf cents millions quinze mille dix-huit unités.

P. 31. — Quatre billions quatre millions quatre mille quatre unités — dix-huit billions cent trois millions deux cent quatre mille trois cent cinq unités.

P. 32. — Cinq cent vingt billions vingt-cinq millions trente-trois mille quatre cents unités — quatre cent soixante-quinze billions cinquante-cinq mille quarante-cinq unités.

ADDITION DES NOMBRES ENTIERS

P. 53. — La somme demandée est :

$$2\,512 + 324 + 518 + 4\,329 = 7\,683.$$

P. 54. — La récolte est de :

Froment	2 050 litres.
Seigle	758 »
Maïs	476 »
Soit en totalité.....	3 284 litres.

P. 55. — Parcours du lundi........ 44 kilomètres.

»	mardi.......	41	»
»	mercredi.....	56	»
»	jeudi........	60	»
»	vendredi.....	36	»
»	samedi......	45	»

Distance du point de départ : 282 kilomètres.

P. 56. — Économie sur la nourriture........ 50 fr.

»	les vêtements.......	46
»	le loyer............	115
Somme d'économies............	211 fr.

P. 57. — Longueur de la Loire....... 1 126 kilom.

»	Seine......	800	»
»	Garonne.....	590	»
Longueur totale......	2 516 kilom.		

P. 58. — La 1ʳᵉ bergerie a 124 moutons et 215 brebis.

La 2ᵉ   »   235   »   326   »

Nombre total.... 359 moutons et 541 brebis.

P. 59. — Payement du lundi......... 250 fr.

    »   mardi ....   917 »

    »   jeudi......... 4 229 »

    »   vendredi ...... 3 507 »

    »   samedi......... 1 215 »

Montant des payements..... 10 118 fr.

P. 40. — Argent payé pour le logement...... 150 fr.

    »   au tailleur........ 110 »

    »   au boulanger...... 75 »

    »   au boucher....... 156 »

    »   au m^d de bois..... 45 »

Dépense totale......... 536 fr.

P. 41. — Population de Paris....... 1 696 141 habitants.

    »   Lyon........   292 721   »

    »   Marseille ...   219 984   »

    »   Bordeaux...   149 229   »

Population totale.. 2 358 075 habitants.

P. 42. — Récolte en froment..... 110 123 000 hectolitres.

    »   seigle.......   23 515 000   »

    »   orge........   15 108 000   »

    »   maïs.........   8 000 100   »

Total..... 156 746 100 hectolitres.

P. 43.

Janvier......	31 jours.
Février.....	28 »
Mars.......	31 »
Avril.......	30 »
Mai........	31 »
Juin.......	30 »
Juillet......	31 »
Août.......	31 »
Septembre...	30 »
Octobre.....	31 »
Novembre...	30 »
Décembre...	31 »

L'année ordinaire a.... 365 jours et l'année bissextile, 366.

P. 44.

Viande de bœuf.....	12 fr.
» mouton...	15 »
» porc......	8 »
Graisse............	26 »
Somme payée...	61 fr.

P. 45.

Roues........	42 fr.
Essieu........	15 »
Limonière.....	45 »
Ranchers......	6 »
Total.....	108 fr.

P. 46.

Froment....	878 fr.
Seigle......	715 »
Maïs........	423 »
Vin........	1 297 »
Valeur de la récolte..	3 313 fr.

P. 47.	Fumier de cheval.....	25 fr.
	» vache.....	34 »
	» porc	28 »
	» mouton....	63 »
	Prix total....	150 fr.
P. 48.	Bœufs	730 fr.
	Vache	275 »
	Veaux	115 »
	Foin...........	540 »
	Paille...........	51 »
	Valeur.....	1 711 fr.
P. 49.	Bougie	5 fr.
	Fécule...........	7 »
	Huile	22 »
	Lard...........	6 »
	Café	6 »
	Total.......	46 fr.
P. 50.	Fumure...........	8 fr.
	Culture...........	6 »
	Fanage...........	17 »
	Total.......	31 fr.
P. 51.	Achat...........	32 fr.
	Son...........	15 »
	Maïs...........	27 »
	Pommes de terre......	17 »
	Total.......	91 fr.
P. 52.	Pré...........	1 253 fr.
	Terre...........	928 »
	Bois...........	1 105 »
	Bruyère	127 »
	Il a reçu.....	3 413 fr.

SOUSTRACTION

P. 53. — Louis a eu en 1864, 1864 — 1830 = 34 ans

P. 54. — Superficie de la Russie d'Europe 5 870 000 kilom. carrés.
    »   de la France . . . .   527 700   »

Différence en faveur de la Russie 5 342 300 kilom. carrés.

P. 55. — Population de la France en 1861. 37 382 528 habitants.
    »   »   en 1801. 27 349 003   »

Accroissement en 60 ans. 10 033 525 habitants.

P. 56. — Population de la France en 1856. 36 039 364 habitants.
    »   agricole . . . . : 20 051 528   »

Appartenant aux autres professions 15 987 836 habitants.

P. 57. — Longueur des routes départementales . . . 45 627 kilom.
    »   »   impériales . . . . 36 000   »

Différence acquise aux routes départem^{les}   9 627 kilom.

P. 58. — Valeur annuelle des végétaux français. 3 372 000 000^f
    »   »   des minéraux   »   1 008 000 000

Différence en faveur des végétaux . . . 2 364 000 000^f

P. 59. — Production française en froment. 110 000 000   d'hectol.
    »   algérienne   »   3 105 429   »

Différence en faveur de la France. 106 894 571   hectol.

P. 60. — Exportation de France en Algérie . . . . . 132 123 805 fr.
Importation d'Algérie en France 34 746 258

Différence . . . . 97 377 547 fr.

P. 61.   Décès en 1865............ 936 833.

              Naissances............... 889 559.

              Diminution .... 47 274.

P. 62.—Population maritime de l'Angleterre. 460 000 hommes.

        »   »   de la France... 90 000   »

        Différence acquise à l'Angleterre... 370 000 hommes.

P. 63.   Terres.   Prés.   Bois.

        Ventes............... 8 033ᶠ   9 512ᶠ   6 050ᶠ

        Valeurs primitives.... 7 512   8 215   5 097

        Bénéfices partiels...... 521ᶠ   1 297ᶠ   953ᶠ

        Bénéfice total : 521 + 1 297 + 953 = 2 771 fr.

P. 64.   Argent emprunté .... 3 119 fr.

        »   remis : 475 + 2 134 = 2 609

        »   redû .... 510 fr.

P. 65.
        Planches de chêne.   Planches de châtaignier.   Poutrelles.

                472   321   79

        Fourniture : 367   295   39

        Complément : 105   26   40

P. 66.— Tuiles courbes à fournir : 4 524 — Tuiles plates : 230

        Fournitures........... 3 214 — 124

        Il reste encore dû...... 1 310 — 106

P. 67.   Froment.   Seigle.   Avoine.

                  135 hectol.   210 hectol.   475 hectol.

        Vendu...... 97   178   299

        Restent encore : 38 hectol.   32 hectol.   176 hectol.

P. 68. — Marchandises en magasin :

	Sucre.	Café.	Savon.	Huile.
	452 kg.	78 kg.	263 kg.	2 315 kg.
Quantités vendues	72	29	108	798
Il reste.........	380 kg.	49 kg.	155 kg.	1 517 kg.

P. 69. — Vente du cheptel................ 150 fr.   167 fr.
Valeur primitive du cheptel...... 72   78
Bénéfice sur chaque veau........ 78 fr.   89 fr.
ou $78 + 89 = 167$ fr.
Dépense............... 134
Bénéfice net............ 33 fr.

P. 70. — Provision totale.... Foin : 8 368 kg. Paille : 6 379 kg.
Récolte........... »   6 499   »   3 485
Quantités manquantes.... 1 869 kg.   2 894 kg.

P. 71. — Réserve.. Foin : 4 500 kg. Pommes de terre : 2 540 kg.
Dépense.. »   3 675   »   1 691
Reste........ 825 kg................ 849 kg.

P. 72. — Somme.............................. 10 000 fr.
Coût des divers ouvrages :
$3 218 + 4 517 + 459 + 395 = 8 589$
Reste de cette somme.................. 1 411 fr

MULTIPLICATION

P. 73. — Voici les divers résultats :

1	2	3	4
10	20	30	40
100	200	300	400
1 000	2 000	3 000	4 000
10 000	20 000	30 000	40 000
100 000	200 000	300 000	400 000
1 000 000	2 000 000	3 000 000	4 000 000
10 000 000	20 000 000	30 000 000	40 000 000
100 000 000	200 000 000	300 000 000	400 000 000

et

5	6	7	8	9
50	60	70	80	90
500	600	700	800	900
5 000	6 000	7 000	8 000	9 000
50 000	60 000	70 000	80 000	90 000
500 000	600 000	700 000	800 000	900 000
5 000 000	6 000 000	7 000 000	8 000 000	9 000 000
50 000 000	60 000 000	70 000 000	80 000 000	90 000 000
500 000 000	600 000 000	700 000 000	800 000 000	900 000 000

P. 74. — $12 \times 100 = 1\,200 \qquad 25 \times 1\,000 = 25\,000$

$48 \times 10\,000 = 480\,000 \qquad 115 \times 100\,000 = 11\,500\,000$

P. 75. — Une personne dépense 300 litres de froment par année,
50 personnes dépensent $300 \times 50 = 15\,000$ litres.

P. 76. — Cette locomotive a parcouru :
$1\,000$ m. $\times 132 = 132\,000$ mètres.

P. 77. — La valeur de 10 fr. est $100 \times 10 = 1\,000$ centimes.

»	20	$100 \times 20 = 2\,000$	»
»	50	$100 \times 50 = 5\,000$	»
»	100	$100 \times 100 = 10\,000$	»

P. 78. — La dépense de ce cheval est en

Une semaine de 10 lit. $\times 7 = 70$
Un mois de... 10 lit. $\times 30 = 300$
Un an de..... 10 lit. $\times 365 = 3\,650$ litres d'avoine.

P. 79. — Valeur de 10 sous, $5 \times 10 = 50$ centimes.

| » | 100 | » $5 \times 100 = 500$ | » |
| » | 1 000 | » $5 \times 1\,000 = 5\,000$ | » |

P. 80. — Si un mètre coûte 8 fr., 132 m. coûteront :
$$8^f \times 132 = 1\,056 \text{ fr.}$$

P. 81. — 1 décagramme pèse 10 grammes, 542 décagram. pèsent :
$$10 \text{ gr.} \times 542 = 5\,420 \text{ grammes.}$$

P. 82. — L'are valant 100 mètres carrés, 2 510 ares valent :
$$100 \times 2\,510 = 251\,000 \text{ mètres carrés.}$$

P. 83. — Consommation d'une semaine : $12 \times 7 = 84$ kilog.

| » | d'un mois : | $12 \times 30 = 360$ | » |
| » | d'une année : | $12 \times 365 = 4\,380$ | » |

P. 84.   Gain par semaine : $2 \times 7 = 14$ fr.

Gain par année : $14 \times 52 = 728$ fr.

P. 85.   Gain d'une année de...... 365 jorus.
$$2 \times 365 = 730$$
Gain de 52 semaines............... 728
____
Différence. .... 2 fr.

P. 86. — 3 douzaines d'assiettes valent $12 \times 3 = 36$ assiettes.

et.............................. 14   »
____
font 50   »

à quatre sous l'une, soit :
$$4 \times 50 = 200 \text{ sous,}$$
ou $5 \times 200 = 1\,000$ centimes.

P. 87.   Quantité produite en 20 jours :

$$15 \times 20 = 300 \text{ litres.}$$

Valeur en sous...... $4 \times 300 = 1\ 200$ sous.

Valeur en centimes.. $5 \times 1\ 200 = 6\ 000$ centimes.

P. 88.   Antoine a reçu....... $20 \times 3 = 60$ sous.

ou............... $5 \times 60 = 300$ centimes.

P. 89. — Minutes en un jour...... $60 \times 24 = 1\ 440.$

» en une semaine... $1\ 440 \times 7 = 10\ 080.$

Secondes en un jour...... $60 \times 1\ 440 = 86\ 400.$

» en une semaine.. $86\ 400 \times 7 = 604\ 800.$

P. 90.   Nombre de jours en une année :

7 mois de chacun 31 jours, soit $31 \times 7 = 217$

4 »   30   » $30 \times 4 = 120$

1 mois de...... 28   »   .... $\underline{28}$

Total............ 365 jours.

P. 91.   45 m. de toile d'étoupe à 2^f le m. valent $2 \times 45 = 90^f$

27 m. d'étoffe à........3   » $3 \times 27 = 81$

18 m. de droguet à.... 3   » $3 \times 18 = \underline{54}$

Montant de la vente....... 225^f

P. 92.   Poids de l'avoine....... $45 \times 135 = 6\ 075$ kilog.

Valeur de cette avoine... $9 \times 135 = 1\ 215$ fr.

DIVISION

P. 93.   Le nombre demandé est $\dfrac{40\ 000\ 000}{1\ 000} = 40\ 000$ kilom.

P. 94. — La lieue de poste est de 4 000 mètres; dans le nombre 40 000 000 il y a autant de fois une lieue que de fois 4 000, soit :

$$\frac{40\ 000\ 000}{4\ 000} = 10\ 000 \text{ lieues.}$$

P. 95. — Chaque enfant aura le huitième de la somme, ou

$$\frac{72\,824}{8} = 9\,103 \text{ fr.}$$

P. 96. — Un ouvrier a fait 28 fois moins de travail que 28 ouvriers, ou

$$\frac{756}{28} = 27 \text{ mètres.}$$

P. 97. — Si, en 60 jours, 2 bœufs ont consommé 1 500 kilog. de foin, en 1 jour ils ont consommé 60 fois moins de foin, ou

$$\frac{1\,500}{60} = 25 \text{ kilog. par jour.}$$

P. 98. — En un jour, cette vache a produit 45 fois moins de lait,

$$\text{ou } \frac{360}{45} = 8 \text{ litres.}$$

P. 99. — La quantité de pain à attribuer à chaque personne est le douzième de 2 808 litres, soit :

$$\frac{2\,808}{12} = 234 \text{ litres.}$$

P. 100. — Il y a autant de pièces de 5 francs dans 6 175 gram. que ce nombre contient de fois 25 grammes, ou

$$\frac{6\,175}{25} = 247 \text{ pièces.}$$

P. 101. — A 1 fr. le kilog. de viande, 37 960 kilog. valent :

$$1 \times 37\,960 = 37\,960 \text{ fr.}$$

Un seul ménage dépense en une année :

$$\frac{37\,960}{52} = 730 \text{ fr.}$$

et en un jour : $\dfrac{730}{365} = 2 \text{ fr.}$

P. 102.   Le poids de chaque bœuf est de :

$$\frac{825}{3} = 275 \text{ kilogrammes.}$$

P. 103.   Le mètre carré contient : $\dfrac{4\,800}{120} = 40$ tuiles.

P. 104.   Le prix d'un mètre carré de plancher est de :

$$\dfrac{196}{49} = 4 \text{ francs},$$

et celui de 4 mètres : $4 \times 4 = 16$ francs.

P. 105.   Prix d'un hectolitre de seigle..... $\dfrac{552}{46} = 12$ francs.

Prix d'un hectolitre de froment.. $\dfrac{540}{27} = 20$ francs.

P. 106.   Poids d'un hectolitre de seigle.... $\dfrac{3\,266}{46} = 71$ kilog.

Poids d'un hectolitre de froment.. $\dfrac{2\,025}{27} = 75$ kilog.

P. 107.   Quantité d'hectolitres contenue dans 2 250 kilog. :

$$\dfrac{2\,250}{45} = 50 \text{ hectolitres.}$$

Valeur de ces hectolitres..... $8 \times 50 = 400$ francs.

P. 108.   Poids sur pied de chaque mouton :

$$\dfrac{875}{25} = 35 \text{ kilog.}$$

Poids de la viande nette d'un mouton :
35 kilog. $- 18 = 17$ kilog.

P. 109.   Revenu par hectare........ $\dfrac{28\,125}{15} = 1\,875$ kilog.

P. 110.   Prix de l'hectolitre............. $\dfrac{720}{48} = 15$ francs.

Prix de la barrique........ $15 \times 2 = 30$ francs.

P. 111.   Prix d'un mètre carré de plafond... $\dfrac{192}{96} = 2$ francs.

Prix de quatre mètres.......... $2 \times 4 = 8$ francs.

P. 112.   Poids d'un mètre cube de fumier :

$$\frac{18\,750}{25} = 750 \text{ kilog.}$$

NOMBRES DÉCIMAUX ET FRACTIONS DÉCIMALES

P. 113. — Vingt-quatre unités un dixième; — cent cinq unités deux centièmes; — mille deux cent quinze unités trois millièmes; — vingt-trois mille quatre cent vingt-une unités quatre dix-millièmes; — quatre cent dix-huit mille cinq cent vingt-neuf unités cinq cent-millièmes; — six millions dix-sept mille vingt-huit unités six millionièmes; — cinquante-sept millions huit cent deux unités sept dix-millionièmes; — six cent soixante-quinze millions quatre cent cinq mille trois cent deux unités huit cent millionièmes.

P. 114. — Cinq unités douze centièmes; — vingt-six unités deux cent cinquante-deux millièmes; — trois cent vingt-huit unités quatre mille cinq cent vingt-un dix-millièmes; — deux mille quatre cent trente-neuf unités cinquante-quatre mille cent vingt-trois cent-millièmes; — quatre-vingt-douze mille six cent cinq entiers cinq cent trente-deux mille cent quarante-six millionièmes; — sept cent cinq mille quatre cent trente-deux unités six millions quatre cent douze mille trois cent cinquante-sept dix-millionièmes; — un million six mille cinq unités soixante-dix-huit millions trois cent vingt-un mille quatre cent soixante-neuf cent-millionièmes.

P. 115. — Soixante-quinze unités quatre cent cinq millièmes; — deux cent trente-huit unités trois mille cinquante-sept dix-millièmes; — quatre mille cinq cent huit entiers quarante mille trois cent vingt-cinq cent-millièmes; — douze mille quatre cent vingt-neuf unités trois cent vingt-un mille quarante-cinq millionièmes; — sept cent cinq mille quatre cent trente-neuf unités deux millions sept cent quatre-vingt mille cent quarante-cinq dix-millionièmes; — six millions quatre cent soixante-douze mille trois cent quatre-vingt-douze unités quatre-vingt-dix-huit millions sept cent soixante-cinq mille vingt-sept cent-millionièmes.

P. 116. — Huit cent neuf entiers trois mille quatre cent cinquante-sept dix-millièmes; — douze mille cinq cent trente-neuf unités quarante-trois mille sept cent cinquante-deux cent-millièmes; — trois cent vingt mille cinq cents unités trois cent quatre-vingt-quatre mille vingt-trois millionièmes; — deux millions cinq cent vingt-cinq mille quatre cent dix-neuf unités deux millions trois cent quatre mille cinquante-sept dix-millionièmes; — cinquante-trois millions six cent un mille quatre cent vingt-une unités quarante-cinq millions vingt mille cent trente-huit cent-millionièmes.

P. 117. — Un dixième; — deux centièmes; — trois millièmes; — quatre dix-millièmes; — cinq cent-millièmes; — six millionièmes; — sept dix-millionièmes; — huit cent-millionièmes.

P. 118. — Douze centièmes; — cent vingt-trois millièmes; — mille deux cent trente-quatre dix-millièmes; — douze mille trois cent quarante-cinq cent-millièmes; — cent vingt-trois mille quatre cent cinquante-six millionièmes; — un million deux cent trente-quatre mille cinq cent soixante-sept dix-millionièmes; — douze millions trois cent quarante-cinq mille six cent soixante-dix-huit cent-millionièmes.

P. 119. — Trois cent vingt-un millièmes; — quatre mille trois cent vingt-un dix-millièmes; — cinquante-quatre mille trois cent vingt-un cent-millièmes; — six cent cinquante-quatre mille trois cent vingt-un millionièmes; — sept millions six cent cinquante-quatre mille trois cent vingt-un dix-millionièmes; — quatre-vingt-sept millions six cent cinquante-quatre mille trois cent vingt-un cent-millionièmes.

P. 120. — Trois mille deux cent cinquante-quatre dix-millièmes;
— quarante-cinq mille trois cent six cent-millièmes; — cinq
cent quarante-trois mille vingt-un millionièmes; — six millions cinq cent quarante-deux mille cent sept dix-millionièmes;
— soixante-quinze millions deux cent quatre mille trois cent
soixante-huit cent-millionièmes.

P. 121. — Dix mille deux cent cinq cent-millièmes; — deux
cent mille trois cent cinquante-six millionièmes; — trois millions quatre cent mille deux cent sept dix-millionièmes; —
quarante millions deux cent trente-cinq mille sept cent quatre-
vingt-neuf cent-millionièmes.

P. 122. — Quatre unités trois mille quarante dix-millièmes; —
dix-huit unités six cents millièmes; — cent vingt-cinq unités
quarante millièmes; — deux cent douze unités cinquante mille
deux cents millionièmes.

P. 123.   2,1 — 21,05 — 437,125.

P. 124.   72,22 — 205,125 — 4 005,5212.

P. 125.   592,945 — 6 075,7 014 — 7 007,08405.

P. 126.   6 804,9012 — 17 123,23105.

P. 127.   29 708,85532 — 105 074,400705.

P. 128.   19 706 898,000052 — 414 032 000,0000014.

P. 129.   707,00012528 — 19 910,0411.

P. 130.   65 717,12609 — 101,00102.

P. 131.   466 000,0005 — 8,105607.

P. 132.   0,0000008—0,00015—0,00000071—0,0000004.

P. 133.   1 071,020 — 0,1111.

ADDITION .

des nombres décimaux et des fractions décimales.

P. 154. — Contenance de la 1re pièce d'étoffe........   42^m,8

     »   de la 2e   »   ....   75 ,25

     »   de la 3e   »   ....   37 ,05

                     Longueur totale.......   155^m,10

P. 155. — Quatre douzaines de miroirs............   16^f,80

    Seize kilogrammes de coton.............   70 ,50

    Cent dix mètres de ganse...............   5 ,50

                Montant de la facture......   92^f,80

P. 156.   Froment..........   24^{hl},25

            Seigle...........   72 ,75

            Maïs...........   37 ,05

            Avoine.........   128 ,33

            Pommes de terre..   205 ,15

              Total.......   467^{hl},53

       ou 46 753 litres.

P. 157. — 4^{kg},500+18^{kg},415+72^{kg},25+212^{kg},9=308^{kg},065.

P. 158. — Étendue de la 1re pièce de terre..........   25^a,93

     »   de la 2e   »   ....   75 ,05

     »   de la 3e   »   ....   29 ,15

     »   de la 4e   »   ....   9 ,85

                Étendue totale........   139^a,98

P. 159.   Drap..............   12^m,25

            Toile.............   8 ,85

            Doublure..........   18 ,42

            Toile de coton.........   25 ,35

              Total..........   64^m,87

P. 140.
Froment.................. 315^f,25
Seigle................... 78 ,15
Maïs..... .... 105 ,20
La vente s'élève à..... 498^f,60

P. 141.
Foin .... 40 650^{kg},250
Regain .... 12 625 ,500
Poids total.... 53 275^{kg},750

P. 142.
Économie sur le travail de la semaine...... 12^f,05
»   sur les menus plaisirs........... 0 ,75
Économie totale........ 12^f,80

P. 143.
Somme donnée au vieillard.............. 1^f,05
»   à la femme............. 0 ,95
»   à l'enfant............... 0 ,75
Somme distribuée.... 2^f,75

P. 144.
Toile de coton.......... 15^m,25....... 19^f,05
Toile de Rouen........ 8 ,25....... 20 ,65
Calicot............... 4 ,75....... 6 ,15
Toile cretonne......... 0 ,90....... 1 ,15
Quantité achetée..... 29^m,15. Somme payée 47^f,00

P. 145.
Seigle............... 25^{lt},5 .... 3^f,85
Froment............. 10 ,75........... 2 ,15
Maïs................ 53 ,25........... 7 ,20
Litres..... 89^{lt},50   Somme.. 13^f,20

P. 146.
Fromage.......... 5^{kg},5 .... 4^f,25
Huile............ 12 ,25.......... 18 ,35
Chandelle.......... 5 ,25........... 7 ,25
On a reçu... 21^{kg},00 et on a payé 29^f,85

P. 147.   Café.................. 13^{ᵏᵇ},50............ 40^ᶠ,50
           Sucre................ 17 ,55............ 26 ,55
           Le cafetier a reçu.. 31^{ᵏᵇ},05 et il a payé.. 66^ᶠ,85

P. 148.   Bœuf................ 2^{ᵏᵇ},27............ 3^ᶠ,20
           Veau................ 0 ,75............ 0 ,90
           Mouton............. 2 ,50............ 3 ,50
           Poids........ 5^{ᵏᵇ},52. Somme payée.. 7^ᶠ,60

P. 149.
    1re terre de... 45^ᵃ,45.. 6^{ʰˡ},80 de froment....... 142^ᶠ,80
    2e   »   ... 23 ,15.. 3 ,60 de seigle......... 47 ,60
    3e   »   ... 33 ,33.. 9 ,35 d'avoine......... 65 ,45
    Surface ensemencée: 101^ᵃ,93..19^{ʰˡ},75 de récolte d'une valeur de 255^ᶠ,85

SOUSTRACTION

des nombres décimaux et des fractions décimales.

P. 150.   Longueur de la corde........ 42^m,00
           Partie coupée.............. 12 ,75
           Reste................ 29^m,25

P. 151.   Contenance primitive........ 78^ᵃ,15
           Diminution................ 19 ,08
           Contenance actuelle..... 59^ᵃ,07

P. 152.   Poids du sucre.............. 5^{ᵏᵇ},500
           Évaporation................ 0 ,750
           Poids réel............. 4^{ᵏᵇ},750

P. 153.   Poids brut............. 105^{ᵏᵇ},000
           Tare.................. 15 ,250
           Poids net............. 89^{ᵏᵇ},750

P. 154. Eau-de-vie............................. 95^{lt},25

       » prise.......................... 18 ,80

       Reste............................. 76^{lt},45

P. 155. Contenance de la barrique.... 225^{lt},00

       Quantité extraite... .... 118 ,25

       Reste................ 106^{lt},75

P. 156. Distance à parcourir................. 92^{km},000

       » parcourue .... 45 ,600

       Reste............................. 46^{km},400

P. 157. Poids de l'eau distillée........ 1^{kg},000

       » de l'huile d'œillette........ 0 ,610

       Différence............... 0^{kg},390

P. 158. Longueur de la 1re règle............. 2^{m},000

       » de la 2e règle............. 1 ,275

       Différence...................... 0^{m},725

P. 159. Longueur de l'étoffe........... 2^{m},40

       » de la doublure........ 1 ,95

       Manquant................. 0^{m},45

P. 160. Récolte présumée. 135^{hl},00 d'une valeur de 305^{f},80

       » réelle.... 132 ,50   »   297 ,10

       Erreur commise 2^{hl},50   »   8^{f},70

P. 161. Lait............ 132^{lt},00 d'une valeur de 26^{f},40

       1re livraison..... 94 ,50   »   18 ,90

       Reste à livrer.. 37^{lt},50   »   7^{f},50

P. 162. Longueur à construire 42^{m},75 moyennant... 128^{f},15

       » construite.. 33 ,50 à-compte.... 100 ,50

       Il reste à faire...... 9^{m},25 d'une valeur do.. 27^{f},65

P. 163.   Capital placé........   4 250f,00 Intérêts... 212f,50
           »   prélevé........   1 417 ,40   »   ...   70 ,87
           Reste........... 2 832f,60   »   ... 141f,63

MULTIPLICATION

des nombres décimaux et des fractions décimales.

P. 164.
$$4,5678 \begin{cases} \times 10 &= 45,678 \\ \times 100 &= 456,78 \\ \times 1\,000 &= 4\,567,8 \\ \times 10\,000 &= 45\,678 \end{cases} \qquad 24,37235 \begin{cases} \times 10 &= 243,7235 \\ \times 100 &= 2\,437,235 \\ \times 1\,000 &= 24\,372,35 \\ \times 10\,000 &= 243\,723,5 \end{cases}$$

P. 165.
$$0,23467 \begin{cases} \times 100\,000 &= 23\,467 \\ \times 1\,000\,000 &= 234\,670 \\ \times 10\,000\,000 &= 2\,346\,700 \\ \times 100\,000\,000 &= 23\,467\,000 \end{cases}$$

$$0,5678 \begin{cases} \times 100\,000 &= 56\,780 \\ \times 1\,000\,000 &= 567\,800 \\ \times 10\,000\,000 &= 5\,678\,000 \\ \times 100\,000\,000 &= 56\,780\,000 \end{cases}$$

$$0,931 \begin{cases} \times 100\,000 &= 93\,100 \\ \times 1\,000\,000 &= 931\,000 \\ \times 10\,000\,000 &= 9\,310\,000 \\ \times 100\,000\,000 &= 93\,100\,000. \end{cases}$$

P. 166.   A 15f,50 le mètre de drap, 12 mètres valent :
$$15^f,50 \times 12 = 186^f,00.$$

P. 167.   A 1f,25 le mètre d'indienne, 34m,50 valent :
$$1^f,25 \times 34,50 = 43^f,125.$$

P. 168.   Si le mèt. carré se paye 0f,25, 72 mèt. se payeront :
$$0^f,25 \times 72 = 18 \text{ francs.}$$

P. 169. Valeur du froment...... $18^f,75 \times 25 = 468^f,75$

» du seigle......... $12,50 \times 17 = 212,50$

Produit de la récolte.............. $681^f,25$

P. 170. A $2^f,50$ le kilogr. de beurre, 35 kilogr. valent :
$$2^f,50 \times 35 = 87^f,50.$$

P. 171. A $0^f,45$ le couteau, 12 couteaux valent :
$$0^f,45 \times 12 = 5^f,40.$$

P. 172. Si le kilogr. de viande vaut $1^f,20$, 76 kilogr. valent :
$$1^f,20 \times 76 = 91^f,20.$$

P. 173. Dépense de 30 jours.... $12^{kg} \times 30 = 360$ kilogr.

Valeur de ce pain...... $0^f,35 \times 360 = 126$ fr.

P. 174. Poids de la masse du sang : $0^{kg},062 \times 193 = 11^{kg},966.$

P. 175. Consommation pendant 132 jours :
$$6^{kg},250 \times 132 = 825 \text{ kilog.}$$

Valeur..... $1^f,40 \times 132 = 184^f,80.$

P. 176. Prix de 6 428 tuiles.... $0^f,025 \times 6\,428 = 160^f,70$

P. 177.

Longueur de 24 chevrons de $3^m,25$.. $3^m,25 \times 24 = 78^m,00$

» de 18 » de $3^m,10$.. $3^m,10 \times 18 = 55^m,80$

Total................ $133^m,80$

Prix de $133^m,80$ à $1^f,05$ le mètre courant :
$$1^f,05 \times 133,80 = 140^f,49$$

DIVISION

des nombres décimaux et des fractions décimales.

P. 178.

$$12\,624 \begin{cases} :10 \;\; = 1\,262,4 \\ :100 \;\; = 126,24 \\ :1\,000 = 12,624 \end{cases} \qquad 25\,218 \begin{cases} :10 \;\; = 2\,521,8 \\ :100 \;\; = 252,18 \\ :1\,000 = 25,218 \end{cases}$$

P. 178.

$$128\,739 \begin{cases} :10 = 12\,873,9 \\ :100 = 1\,287,39 \\ :1\,000 = 128,739 \end{cases} \qquad 75\,029 \begin{cases} :10 = 7\,502,9 \\ :100 = 750,29 \\ :1\,000 = 75,029 \end{cases}$$

P. 179.

$$905\,403\,205 \begin{cases} :10\,000 = 90\,540,3205 \\ :100\,000 = 9\,054,03205 \\ :1\,000\,000 = 905,403205 \\ :10\,000\,000 = 90,5403205 \\ :100\,000\,000 = 9,05403205. \end{cases}$$

$$7\,925\,417\,380 \begin{cases} :10\,000 = 792\,541,7380 \\ :100\,000 = 79\,254,17380 \\ :1\,000\,000 = 7\,925,417380 \\ :10\,000\,000 = 792,5417380 \\ :100\,000\,000 = 79,25417380. \end{cases}$$

$$727\,432\,981 \begin{cases} :10\,000 = 72\,743,2981 \\ :100\,000 = 7\,274,32981 \\ :1\,000\,000 = 727,432981 \\ :10\,000\,000 = 72,7432981 \\ :100\,000\,000 = 7,27432981. \end{cases}$$

$$23\,432\,875 \begin{cases} :10\,000 = 2\,343,2875 \\ :100\,000 = 234,32875 \\ :1\,000\,000 = 23,432875 \\ :10\,000\,000 = 2,3432875 \\ :100\,000\,000 = 0,23432875. \end{cases}$$

P. 180.

$$5\,788,4 \begin{cases} :10 = 578,84 \\ :100 = 57,884 \\ :1\,000 = 5,7884 \end{cases} \qquad 8\,907,25 \begin{cases} :10 = 890,725 \\ :100 = 89,0725 \\ :1\,000 = 8,90725 \end{cases}$$

$$9\,123,45 \begin{cases} :10 = 912,345 \\ :100 = 91,2345 \\ :1\,000 = 9,12345. \end{cases} \qquad 10\,321,012 \begin{cases} :10 = 1\,032,1012 \\ :100 = 103,21012 \\ :1\,000 = 10,321012 \end{cases}$$

P. 181.   Longueur d'un pantalon :

$$\frac{19^m,20}{16} \ldots\ldots\ldots\ldots\ 1^m,20$$

P. 182.   Prix d'un mètre :

$$\frac{146^f,25}{45} \ldots\ldots\ldots\ldots\ 3^f,25$$

P. 183.   Coût d'un litre de vin :

$$\frac{35^f,35}{101} \ldots\ldots\ldots\ldots\ 0^f,35$$

P. 184.   A $1^f,25$ le mètre, pour 265 fr. on recevrait :

$$\frac{265^f}{1,25} \ldots\ldots\ldots\ldots\ 212\,\text{mèt.}$$

P. 185.   Revenu par are :

$$\frac{412^{lt},50}{33} \ldots\ldots\ldots\ldots\ 12^{lt},50$$

P. 186.   Nombre de morceaux de ressort :

$$\frac{0^m,255}{0,015} = 17 \text{ morceaux.}$$

ADDITION DES FRACTIONS ORDINAIRES

P. 187.   Fractions proposées :   3/7   5/8   2/3

»   réduites au même dénominateur :

              72/168 105/168 112/168

$$\text{Total : } 72 + 105 + 112 = \frac{289}{168} = 1 \text{ entier et } \frac{121}{168}$$

P. 188.   Longueur du 1er coupon.... 4^m 1/4 ou 4^m 15/60

      »   du 2e »   ....10^m 1/3 ou 10^m 20/60

      »   du 3e »   ....12^m 1/5 ou 12^m 12/60

Longueur totale.................... 26^m 47/60

P. 189.   Froment........................... 72 litres 6/7
            Seigle............................. 65 »   5/7
            Orge.............................. 36 »   3/7
                                                   ―――――――
            Mélange........................ 175 litres »

Remarque. — Les septièmes s'élèvent à 14 ou 2 unités.

P. 190.   Portion de la 1re personne : 119^f 1/2 ou 119^f 32/64
        »   de la 2e   »   72 1/4 ou 72 16/64
        »   de la 3e   »   225 3/4 ou 225 48/64
        »   de la 4e   »   205 1/2 ou 205 32/64
                                                  ――――――――――
                    Total.............. 623^f   »

P. 191.   Longueur du 1er chevron.............. 3^m 1/3
        »   du 2e   »   .... 5^m 2/3
                                                  ――――――――
                    Total................ 9^m »

P. 192.   Longueur de la 1re échelle..... 4^m 2/9 ou 4^m 2/9
        »   de la 2e   »   ..... 3^m 2/3 ou 3^m 6/9
        »   de la 3e   »   ..... 5^m 1/9 ou 5^m 1/9
                                                  ――――――――
            Longueur bout à bout .... 13^m »

Remarque. — Pour réduire 2/3 au dénominateur 9,
il a suffi de multiplier ses deux termes par 3.

P. 193.

Longueur du plus long côté de la cour : 15^m 2/5 ou 15^m 24/60
        »   du 2e côté................. 12^m 2/3 ou 12^m 40/60
        »   du 3e côté................. 11^m 1/4 ou 11^m 15/60
                                                  ―――――――――――
                    Total................ 39^m 19/60

P. 194.   1re quantité...... 16^m 11/15 ou 16^m 1375/1875
            2e » ajoutée.. 12^m 22/25 ou 12^m 1650/1875
            3e »   »   4^m 1/5 ou 4^m 375/1875
                                                  ―――――――――――
                    Total............. 33^m 1525/1875

P. 195.   Sel........................ 4^{kg} 1/4 ou 4^{kg} 15/60
            Poivre.................... 0^{kg} 1/3 ou 0^{kg} 20/60
            Fromage.................. 1^{kg} 2/5 ou 1^{kg} 24/60
                                                  ――――――――――
                    Total..................... 5^{kg} 59/60

P. 196.   Surface de la terre.. 25 ares 7/8 ou 25 ares 21/24

       »   du pré..... 33 ares 1/3 ou 33 ares 8/24

          Total................ 59 ares 5/24

P. 197.   Volume du bois de châtaignier :

            18 stères 4/5   ou 18 stères 16/20

       »   du bois de chêne :

           23 stères 4/20 ou 23 stères 4/20

         Total............... 42 stères   »

SOUSTRACTION DES FRACTIONS ORDINAIRES

P. 198.   2 m. 7/9 ou 2 m. 7/9

        — 1 m. 2/3 ou 1 m. 6/9

      Reste.......... 1 m. 1/9

P. 199.   6 m.......... ou 5 m. 5/5

           — 4 m. 1/5

      Reste......... 1 m. 4/5

P. 200.   Surface à paver....... 120 m. ou 119 m. 15/15

      Partie pavée en briques.......... 82 m. 3/15

        »   en pierres.......... 37 m. 12/15

P. 201.   52 litres 1/5 ou 52 litres 4/20

     — 48 — 1/4 ou 48 »   5/20

    Reste........... 3 litres 19/20

P. 202.   135 litres »

        — 15 » 3/5

   Reste.... 119 litres 2/5

P. 203.   45 francs.

        — 17 » 7/10

   Reste...... 27 francs 3/10

P. 204.   35 stères 9/10
              — 22 stères 4/5 ou 22   »   8/10
                                     ____

              Reste............ 13 stères 1/10

P. 205.   ' Poids du fromage........ 48 kg.
            Partie coupée........... 17 »   7/20
                                     ____

              Reste............ 30 kg. 13/20

P. 206.   3 kg.
                              — 1 » 4/5
                              ____

              Reste..... 1 kg. 1/5

P. 207.   Contenance du vase................   15 lt.
          Quantité vendue à la première personne   6 lt. 2/3
                                                ____

          Il revient à la seconde personne......   8 lt. 1/3

MULTIPLICATION DES FRACTIONS ORDINAIRES

P. 208. $$\frac{72 \times 2}{3} = \frac{144}{3} = 48$$

P. 209. $$\frac{4 \times 120}{5} = \frac{480}{5} = 96$$

P. 210. $$\frac{36 \times 3}{4} = \frac{108}{4} = 27 \text{ mètres.}$$

P. 211. $$\frac{246 \times 5}{6} = \frac{1\,230}{6} = 205 \text{ francs.}$$

P. 212.   Il lui reste à parcourir les 2/15 de 34 200 mètres, soit :

$$\frac{34\,200 \times 2}{15} = \frac{68\,400}{15} = 4\,560 \text{ mètres.}$$

P. 213. Il reste à vendre les $\frac{12}{25}$ de 4 525 ares, soit :

$$\frac{4\,525 \times 12}{25} = \frac{54\,300}{25} = 2\,172 \text{ ares.}$$

P. 214. 1° Les 3/4 de 36 fr. sont : $\frac{36 \times 3}{4} = \frac{108}{4} = 27.$

2° Les 2/3 de 27 fr. sont : $\frac{27 \times 2}{3} = \frac{54}{3} = 18$ francs.

P. 215. Portion revenant à chacune des trois premières personnes :

$$\frac{456 \times 3}{16} = \frac{1\,368}{16} = 85^f,50 \,;\ \text{d'où :}$$

Portion de la 1re personne............ 85^f,50
  »   de la 2e   » .... 85 ,50
  »   de la 3e   » .... 85 ,50
              Ensemble........... 256^f,50
  »   de la 4e personne : 456—256^f,50= 199 ,50
              Total égal........... 456^f,00

P. 216. Le poids de ce qui reste est égal aux 2/5 de 4^{kg},500,

soit : $\frac{4,500 \times 2}{5} = \frac{9}{5} = 1^{kg},800.$

P. 217. Il reste encore dans la barrique les 3/5 de 200, soit :

$$\frac{200 \times 3}{5} = \frac{600}{5} = 120 \text{ litres.}$$

DIVISION DES FRACTIONS ORDINAIRES

P. 218. Si les 2/7 de la route sont représentés par 8 470 mètres.

1/7   »   sera représenté par $\dfrac{8\,470}{2}$

et les 7/7   »   seront représentés par $\dfrac{8\,470 \times 7}{2}$

$$= 29\,645 \text{ mètres.}$$

P. 219.   Surface partielle...... 1 230 mètres.

    »   totale......... $\dfrac{1\,230\times6}{5}=1\,476$ mètres.

P. 220.   Somme totale........... $\dfrac{819\times9}{5}=1\,474^\text{f},20$.

    Moins......................... 819 ,00.

    Part du fils cadet.............. 655$^\text{f}$,20.

P. 221.   Économies annuelles.... $\dfrac{236,70\times12}{9}=315^\text{f},60$.

P. 222.   Consommation annuelle... $\dfrac{714\times12}{7}=1\,224$ litres.

P. 223.   Longueur totale de la poutre : $\dfrac{4^\text{m},20\times11}{4}=11^\text{m},55$.

P. 224.   Poids total du bloc : $\dfrac{525\times7}{5}$ .... 735 kg.

P. 225.   Poids total du bœuf : $\dfrac{570\times20}{19}$ .... 600 kg.

P. 226.   1° Les 3/3 des 4/9 du nombre $=\dfrac{16\times3}{2}=\dfrac{48}{2}=24$.

    2° Les 9/9 de 24   » $=\dfrac{24\times9}{4}=\dfrac{216}{4}=54$.

P. 227.

    1° Les 15/15 des 4/5 de la meule $=\dfrac{24\,832\times15}{8}=46\,560$ kg.

    2° Les 5/5 de 46 560 $=\dfrac{46\,560\times5}{4}=58\,200$ kg.

DEUXIÈME PARTIE

—

MÈTRE

P. 228.   Longueur du 1er côté : 12 décamètres ou 120 mètres.

»	du 2^e	»	15	»	ou 150 »
»	du 3^e	»	16	»	ou 160 »

Périmètre.......... 43 décamètres ou 430 mètres.

P. 229.

Long. de la 1re ligne : 25 hectom. ou 250 décam. ou 2 500 mèt.

»	de la 2^e	»	29	»	ou 290	»	ou 2 900 »
»	de la 3^e	»	45	»	ou 450	»	ou 4 500 »
»	de la 4^e	»	51	»	ou 510	»	ou 5 100 »

Contour........ 150 hectom. ou 1 500 décam. ou 15 000 mèt.

P. 230.

	kilom.	hectom.	décam.	mètres.
Cours de la Dordogne...	430 ou	4 300 ou	43 000 ou	430 000
» de la Durance....	330 ou	3 300 ou	33 000 ou	330 000
» de la Saône......	435 ou	4 350 ou	43 500 ou	435 000
» de la Meuse......	900 ou	9 000 ou	90 000 ou	900 000
» de l'Allier.......	360 ou	3 600 ou	36 000 ou	360 000
Parcours total........	2 455 ou	24 550 ou	245 500 ou	2 455 000

P. 231.

	myriam.	kilom.	hectom.	décam.	mètres.
Cours du Rhin......	130,» ou	1 300 ou	13 000 ou	130 000 ou	1 300 000
» de la Loire.....	112,6 ou	1 126 ou	11 260 ou	112 600 ou	1 126 000
» de la Seine.....	80,» ou	800 ou	8 000 ou	80 000 ou	800 000
» de la Garonne...	59,» ou	590 ou	5 900 ou	59 000 ou	590 000
» du Rhône......	81,2 ou	812 ou	8 120 ou	81 200 ou	812 000
Parcours total...	462,8 ou	4 628 ou	46 280 ou	462 800 ou	4 628 000

P. 232.

Contour de la terre en lieues de poste : $\dfrac{40\,000\,000}{4\,000} = 10\,000$ lieues.

» en myriamètres : $\dfrac{40\,000\,000}{10\,000} = 4\,000$ myriamètres.

» en kilomètres... $\dfrac{40\,000\,000}{1\,000} = 40\,000$ kilomètres.

» en hectomètres.. $\dfrac{40\,000\,000}{100} = 400\,000$ hectomètres.

» en décamètres... $\dfrac{40\,000\,000}{10} = 4\,000\,000$ de décamètres.

P. 233.   1 mètre vaut....... 10 décim. 100 centim. 1 000 millim.
1/2   »   5   »   50   »   500   »
1 double décimètre vaut... 2   »   20   »   200   »

P. 234.   1 décimètre vaut... 10 centimètres 10 millimètres.
3 décimètres valent. 30   »   300   »

P. 235.   1 centimètre vaut... 10 millimètres.
50   »   valent.. 500   »

P. 236.   Cette somme est $4^{m},25 + 1^{m},052 + 6^{m},6 = 11^{m},902$,
ou 119 décimètres 02, ou 1 190 centimètres 2 millim.,
ou 11 902 millimètres.

P. 237.   12 décamètres valent.....   120 mètres.
15 hectomètres valent.....   1 500   »
20 kilomètres valent......   20 000   »
4 myriamètres valent....   40 000   »
Longueur totale.....   61 620 mètres.

P. 238.   L'hectomètre vaut... $\dfrac{100 \times 4}{3} = 133$ pas 1/3.

Le kilomètre vaut... $\dfrac{1\,000 \times 4}{3} = 1\,333$ pas 1/3.

Le myriamètre vaut. $\dfrac{10\,000 \times 4}{3} = 13\,333$ pas 1/3.

P. 239.   Longueur du contour de la terre :

$$\text{En lieues terrestres}\ldots \frac{40\,000\,000}{4\,444} = 9\,000 \text{ lieues et } \frac{1\,000}{1\,111}.$$

$$\text{En lieues marines}\ldots \frac{40\,000\,000}{5\,555} = 7\,200 \text{ lieues et } \frac{800}{1\,111}.$$

P. 240.   Il faudrait au roulier :

$$\frac{38^{km},500}{3,500} = 11 \text{ heures}.$$

P. 241.   45 myriamètres valent 450 kilomètres.

$$\text{Il faudrait : } \frac{450}{5} = 90 \text{ heures}.$$

P. 242.   45 lieues de poste valent $45 \times 4 = 180$ kilomètres.

$$\text{Il faudrait : } \frac{180}{22,500} = 8 \text{ heures}.$$

P. 243. $45^{mym},5$ valent 455 kilomètres.

$$\text{Le train franchirait cette distance en } \frac{455}{35} = 13 \text{ heures}.$$

P. 244.   54 myriamètres valent 540 kilomètres.

$$\text{Le train expresse emploierait : } \frac{540}{72} = 7 \text{ heures } 1/2.$$

$$\text{Le bateau à vapeur } \quad » \quad \frac{540}{15} = 36 \text{ heures}.$$

P. 245.   Le spectateur est à $340 \times 5 = 1700$ *mètres des deux nuages.*

P. 246.   Vitesse à l'heure d'un grand vent en mètres :

$$1852 \times 36 = 66\,672 \text{ mètres},$$

ou $6^{mym},6672$, ou $66^{km},672$.

Vitesse à l'heure du vent pendant la tempête :

$$1852 \times 68 = 162\,976 \text{ mètres},$$

ou $16^{mym},2976$, ou $162^{km},976$.

Vitesse à l'heure du vent pendant l'ouragan :

$$1852 \times 120 = 222\,240 \text{ mètres},$$

ou $22^{mym},2240$, ou $222^{km},240$.

P. 247.   8 minutes valent : $60 \times 8 = 480$ secondes;

480 $+$ 13 secondes valent 493 secondes.

Distance de la terre au soleil :

$$320\,000 \times 493 = 157\,760\,000 \; km.,$$

ou $\dfrac{157\,760\,000}{4} = 39\,440\,000$ *lieues de poste*,

ou $\dfrac{157\,760\,000}{10} = 15\,776\,000$ *myriamètres*,

ou 15 776 000 000 *décamètres.*

P. 248.

Il faudrait : $\dfrac{157\,760\,000\,000}{380} = 415\,157\,894\,secondes\;14/19,$

ou 6 919 298 *minutes* 14 *secondes,*

ou 115 321 *heures* et 38 *minutes,* ou 4 805 *jours* et 1 *heure,*

ou 13 *ans* et 2 *mois environ.*

P. 249.   Le bruit de la détonation arrive à la tour après   ^{minutes.} 9,54

Le boulet arrive au même point après...... 8,53

Le boulet arrive........................ 1,01

plus tôt que le bruit de la détonation.

P. 250.   8 849^m,5 valent $\dfrac{8\,849,5}{1\,609} = 5$ milles 1/2.

P. 251.
2 759^{mym},009
valent

milles piémontais.....	11 188 et	401 mètres.
» de Toscane.....	16 700 et	1 609 »
» du reste de l'Italie	14 897 et	765 »

P. 252.   Entre Turin et Alexandrie, il y a :

$$7\,796 \times 13 = 101\,348 \; mètres,$$

— 101^{km},348 — et 25 *lieues de poste françaises*

plus 1 348 *mètres.*

P. 253.   Longueur du parcours entre Lausanne et Berne :

$$4\,800 \times 18\tfrac{5}{8} = 89\,400 \; mètres,$$

— 22 *lieues de poste françaises,* plus 1 400 *mètres,*

— 89^{km},400.

P. 254. Distance qui existe entre Vitoria et Miranda :

$$5\,562 \times 6 = 33\,372 \text{ mètres}, - 5^{\text{mym}},3372,$$

— 8 *lieues de poste françaises*, plus 1 372 *mètres*.

P. 255. Distance qui sépare Aix-la-Chapelle et Cologne :

$$7\,416 \times 9\ 1/4 = 68\,598 \text{ } mètres, - 6^{\text{mym}},8\,598,$$

— 17 *lieues de poste* plus 598 *mètres*.

P. 256. L'ouvrier terrassier a reçu $0^f,10 \times 434,90 = 43^f,50.$

P. 257. Pour fouiller 528 mètres de tranchées, il faudrait dépenser :

$$
\begin{aligned}
&\text{à } 1^m,10 \text{ de profondeur}\ldots & 0^f,11 \times 528 &= \ \ 58^f,10^* \\
&\text{à } 1^m,20 \qquad \text{»} \qquad \ldots & 0\ ,12 \times 528 &= \ \ 63\ ,35 \\
&\text{à } 1^m,30 \qquad \text{»} \qquad \ldots & 0\ ,15 \times 528 &= \ \ 79\ ,20 \\
&\text{à } 1^m,40 \qquad \text{»} \qquad \ldots & 0\ ,17 \times 528 &= \ \ 89\ ,75 \\
&\text{à } 1^m,50 \qquad \text{»} \qquad \ldots & 0\ ,20 \times 528 &= 105\ ,60
\end{aligned}
$$

P. 258. La tranchée contiendrait :

$$\frac{528}{0,31} = 1\,703 \text{ tuyaux } 1/4 \text{ environ,}$$

$$\text{à } 20^f \text{ le mille} - 1\,703,25 \text{ tuyaux valent} \quad \frac{20 \times 1\,703,25}{1\,000} = 34^f,05$$

$$\text{à } 24 \quad \text{»} \quad - 1\,703,25 \quad \text{»} \quad \frac{24 \times 1\,703,25}{1\,000} = 40\,,85$$

$$\text{à } 27 \quad \text{»} \quad - 1\,703,25 \quad \text{»} \quad \frac{27 \times 1\,703,25}{1\,000} = 46\,,00$$

$$\text{à } 30 \quad \text{»} \quad - 1\,703,25 \quad \text{»} \quad \frac{30 \times 1\,703,25}{1\,000} = 51\,,10$$

$$\text{à } 4,50 \text{ le cent.} - 1\,703,25 \quad \text{»} \quad \frac{4,50 \times 1\,703,25}{100} = 76\,,65$$

$$\text{à } 6 \quad \text{»} \quad \text{»} \quad - 1\,703,25 \quad \text{»} \quad \frac{6 \times 1\,703,25}{100} = 102^f,20$$

P. 259. Les 6 tranchées de drainage ont une longueur développée de $75 \times 6 = 450$ mètres.

$$\text{Il faut } \frac{450}{0,31} = 1\,451,6 \text{ tuyaux.}$$

---

* Voir la première remarque du n° 91.

Voici la dépense afférente à chaque espèce de tuyaux :

1° Fouilles à 1 mètre de profondeur............. 45f,00
    1 451,6 de tuyaux, à 20 francs le mille....... 29 ,05
    Remplissage, 1/2 du prix des fouilles........ 22 ,50

                Total............... 96 ,55

2° Fouilles à 1m,10 de profondeur............. 49f,50
    1 451,6 de tuyaux, à 24 francs le mille....... 34 ,85
    Remplissage............................... 24 ,75

                Total............... 109 ,10

3° Fouilles à 1m,20 de profondeur............. 54f,00
    1 451,6 de tuyaux, à 27 francs le mille...... 39 ,20
    Remplissage............................... 27 ,00

                Total............... 120 ,20

4° Fouilles à 1m,30 de profondeur............. 67f,50
    1 451,6 de tuyaux, à 30 francs le mille...... 43 ,55
    Remplissage............................... 33 ,75

                Total............... 144 ,80

5° Fouilles de 1m,40 de profondeur............. 76f,50
    1 451,6 de tuyaux, à 45 francs le mille (4 fr. 50
    le cent)................................... 65 ,30
    Remplissage............................... 38 ,25

                Total............... 180 ,05

6° Fouilles à 1m,50 de profondeur............. 90f,00
    1 451,6 de tuyaux, à 60 francs le mille (6 francs
    le cent)................................... 87 ,10
    Remplissage............................... 45 ,00

                Total............... 222 ,10

P. 260.   En plaçant les drains dans le sens de la longueur, on aura 10 rangées de chacune 120^m,30, soit en totalité 1 023 mètres.

Fouilles de 1 023 m. à 1^m,20 de profondeur.. 122^f,75

Tuyaux : $\dfrac{1\,023}{0,31} = 3\,300$, à 20 francs le mille.   66 ,00

Remplissage.......................... 61 ,40

Total............... 250 ,15

P. 261.   Le sol aura 12 rangées de drains, moins 0^m,1, formant une longueur développée de 540 mètres.

Fouilles de 540 m., à 1^m,20 de profondeur.. 64^f,80

Tuyaux : $\dfrac{540}{0,31} = 1\,740$, à 24 francs le mille..   41 ,75

Remplissage.......................... 32 ,40

Total............... 138 ,95

P. 262.   La terre a 8 rangées de drains dans le sens de la longueur, soit une longueur développée de 925^m,04.

Fouilles de 925^m,04, à 1^m,20 de profondeur. 111^f,00

Tuyaux : $\dfrac{925,04}{0,31} = 2\,984$, à 27 fr. le mille..   80 ,55

Remplissage.......................... 55 ,50

Total................ 247 ,05

P. 263.   Le terrain aura 10 rangées de tuyaux qui donnent une longueur développée de 874^m,20.

Fouilles de 874^m,20, à 1^m,40 de profondeur. 148^f,60

Tuyaux : $\dfrac{874,2}{0,31} = 2\,820$, à 30 fr. le mille..   84 ,60

Remplissage.......................... 74 ,30

Total............... 307 ,50

P. 264.   Le terrain comprendra 12 rangées de tuyaux formant une longueur développée de 1 116 mètres.

Fouilles de 1 116 m., à 1^m,50 de profondeur. 223^f,20

Tuyaux : $\dfrac{1\,116}{0,31} = 3\,600$, à 27 francs le mille. 97 ,20

Remplissage................................. 111 ,60
                                          ————
                        Total............ 432 ,00

P. 265.   Le terrain a 12 rangées de tuyaux offrant une longueur développée de 3 720 mètres.

Fouilles de 3 720 m., à 1^m,50 de profondeur. 744 fr.

Tuyaux : $\dfrac{3\,720}{0,31} = 12\,000$, à 6 francs le cent. 720

Remplissage............................. 372
                                          ————
                        Total............ 1836 fr.

P. 266.   Le verger aurait 5 rangées de tuyaux d'une longueur développée de 465 mètres.

Fouilles de 465 mètres, à 1^m,10 (moyenne) de profondeur................................. 51^f,15

Tuyaux : $\dfrac{465}{0,31} = 1\,500$, à 20 francs le mille. 30 ,00

Remplissage............................. 25 ,55
                                          ————
                        Total............ 106 ,70

P. 267.   Longueur des 20 poteaux :
            2^m,65 $\times$ 20 = 53 mètres.
            Prix de 53 mètres : 1^f,15 $\times$ 53 = ... 60^f,95

P. 268.   Prix de 112^m,50 de plinthes et de cymaises :
            0^f,60 $\times$ 112,50 = ... 67 ,50

P. 269.   Prix de 1^m,20 de drap : 25 $\times$ 1,20 = ... 30 ,00
            Doublure, fournitures et façon.......... 5 ,25
                                          ————
                   Coût du pantalon....... 35 ,25

P. 270.   Prix de la robe :
$$3^f,75 \times 7,40 = \ldots\ldots\ldots\ldots\quad 27^f,75$$

P. 271.   Prix du mètre de drap :
$$\frac{68^f,30}{5,40} = \ldots\ldots\ldots\ldots\quad 12,65$$

P. 272.   Coût de l'achat de la toile$\ldots\ldots\ldots\ldots\quad$ 65,00

Nombre de chemises : $\dfrac{52}{3} = 17$ chemises 1/3 *

Façon de 17 chemises : $1^f,25 \times 17 = \ldots\ldots\quad$ 21,25

La pièce revient à$\ldots\ldots\ldots\quad$ 86^f,25

P. 273.   Nombre des devants de gilet :
$$\frac{9}{0,60} = 15.$$

P. 274.   Valeur de $2^m,10$ de drap :
$$16^f,75 \times 2,10 = \ldots\ldots\ldots\ldots\quad 35^f,20$$
Façon de la redingote$\ldots\ldots\ldots\ldots\quad$ 15,00

Total$\ldots\ldots\ldots\ldots\quad$ 50^f,20

P. 275.   Valeur de $2^m,20$ de drap :
$$18^f,75 \times 2,20 = \ldots\ldots\ldots\ldots\quad 41^f,25$$
Confection et fournitures$\ldots\ldots\ldots\ldots\quad$ 20,00

Prix de l'habit$\ldots\ldots\ldots\ldots\quad$ 61^f,25

P. 276.   Prix du paletot$\ldots\ldots\ldots\ldots\ldots\quad$ 63^f,00

Déduction de la façon et des fournitures$\ldots$ 21,75

Reste pour prix du drap employé$\ldots\ldots\ldots\quad$ 41^f,25

Nombre des mètres$\ldots\ldots \dfrac{41^f,25}{18,75} = \ldots\ldots\quad 2^m20$ ·

---

* Ce 1/3 ne doit pas être compris dans le coût des chemises.

P. 277.   Prix de $2^m,20$ de flanelle de santé :

$$3^f,25 \times 2,20 \dots\dots\dots\dots\dots\dots \quad 7^f,15$$

Façon$\dots\dots\dots\dots\dots\dots\dots\dots\dots\dots \quad 1,75$

Prix de revient$\dots\dots\dots\dots\dots\dots\dots \quad 8^f,90$

P. 278.

Longueur, sur le terrain, du 1er côté : $0^m,015 \times 2\,500 = 37^m,50$

      »   du 2e » $0^m,020 \times 2\,500 = 50^m,00$

      »   du 3e » $0^m,018 \times 2\,500 = 45^m,00$

P. 279.   Longueur correspondante de cette ligne sur le terrain :

$$135 \times 2 = 270 \; \textit{mètres,}$$

$$\text{ou } 0^m,135 \times 2\,000 = 270 \; \textit{mètres.}$$

P. 280.   Longueur réelle de cette ligne :

$$\frac{250}{2} = 125 \; \textit{mètres,}$$

$$\text{ou } 0^m,250 \times 500 = 125 \; \textit{mètres.}$$

P. 281.   Cette longueur est évidemment :

$$\frac{450}{10} = 45 \; \textit{mètres,}$$

$$\text{ou } 0^m,450 \times 100 = 45 \; \textit{mètres.}$$

P. 282.   Cette ligne serait figurée sur le terrain par :

$$\frac{25^m}{10} = 2^m,50.$$

MESURES DE SURFACE

§ 1er.

P. 283. $2^{mq},42 + 15^{mq},14 + 0^{mq},04 = 17^{mq},60.$

P. 284. $22^{mq} + 0^{mq},00\,22 + 0^{mq},00\,00\,22 = 22^{mq},00\,22\,22.$

P. 285. $5^{mq} + 0^{mq},05 + 0^{mq},00\,05 = 5^{mq},05\,05.$

P. 286.　　$0^{mq},32 + 0^{mq},0040 + 0^{mq},000012 = 0^{mq},324012.$

P. 287.　　$0^{mq},08 + 0^{mq},0008 + 0^{mq},000008 = 0^{mq},080808.$

P. 288.　　$4^{mq},050012 - 0^{m},3607 = 3^{mq},689512.$

P. 289.　　$0^{mq},6004 - 0^{mq},0775 = 0^{mq},5229.$

P. 290.　　$7^{mq} - 6^{mq},0028 = 0^{mq},9972.$

P. 291.　　$0^{mq},1225 - 0^{mq},0613 = 0^{mq},0612.$

P. 292.　　La surface de la seconde partie est :

$$0^{mq},1604 - 0^{mq},070048 = 0^{mq},090352.$$

P. 293.　　Cette surface est :

$$0^{m},50 \times 0,25 = 0^{mq},1250.$$

P. 294.　　Cette superficie est de :

$$0^{m},212 \times 0^{m},23 = 0^{mq},048760.$$

P. 295.　　Cette superficie est de :

$$0^{m},125 \times 0,125 = 0^{mq},015625.$$

P. 296.　　La surface de la boîte est de :

$$0^{mq},009912 \times 6 = 0^{m},059472.$$

P. 297.　　$$\frac{4^{mq},24}{6} = 0^{mq},706666.$$

P. 298.　　$$\frac{0^{mq},5502}{0,0524} = 10,5 \text{ fois.}$$

P. 299.　　Surface d'une table :

$$\frac{13^{mq},2055}{11} = 1^{mq},2005.$$

P. 300.　　Il faut multiplier $0^{mq},2150$ par $17\frac{2}{43}$.

En effet : $\dfrac{3,6650}{0,2150} = 17\frac{2}{43}.$

P. 301.　　Surface de chaque carré :

$$\frac{1^{mq},8252}{16} = 0^{mq},114075.$$

P. 502. Surface de la cour : $24^m \times 18 = 432$ m. q.

Prix de 432 m. q.......... $0^f,25 \times 432 = 108$ fr.

P. 503. Le maître maçon et son servant gagnent par journée de 10 heures : $2^f,50 \times 1,40 = 3^f,90$, et pendant 30 journées : $3^f90 \times 30 = 117$ francs.

Il vaudrait mieux le payer au mètre superficiel, puisqu'on économiserait 9 francs sur le payement à l'heure.

P. 504. Surface du dallage... $93^m \times 8,50 = 110^{mq},50.$

Prix du » ... $0^f,162 \times 110,50 = 17^f,90.$

P. 505. Surface de la muraille :

$$32^m,5 \times 1,25 = 40^{mq},62\,50.$$

Valeur à $0^f,80$ le m. q. : $0^f,80 \times 40,62\,50 = 32^f,50.$

Le maçon aurait mieux fait de construire cette muraille à raison de $0^f,80$ le mètre carré, puisqu'il aurait gagné $32^f,50 - 30^f = 2^f,50.$

P. 506. 12 traits de scie représentent 13 planches de chacune $3^m,50$ de longueur sur $0^m,60$ de largeur, soit en totalité :

$$3^m,50 \times 0,60 \times 13 = 27^{mq},30.$$

Valeur du sciage à $0^f,25$ le m. q. :

$$0^f,25 \times 27,30 = 6^f,80.$$

Il vaut mieux payer le sciage au mètre superficiel; on gagne à ce mode $10^f - 6^f,80 = 3^f,20.$

P. 507. Ces ouvriers gagnent par heure : $0^f,40$, et en 18 heures 1/2 ils gagnent $0^f,40 \times 18,5 = 7^f,40.$

Il vaudrait encore mieux payer au mètre superficiel; on gagnerait à ce choix $7^f,40 - 6^f,80 = 0^f,60.$

P. 508. Surface du mur....., $6^m,66 \times 3,33 = 22^{mq},1778.$

Valeur du mur..... $2^f,50 \times 22,1778 = 55^f,45$

P. 509. Surface du plancher :

$$9^m,33 \times 5,67 = 52^{mq},90\,11.$$

Valeur à 4ᶠ,70 le mètre superficiel :

$$4^f,70 \times 52,90\,11 = 248^f,65.$$

P. 510. Surface de 115 planches :

$$2^m \times 0,35 \times 115 = 80^{mq},50.$$

Déchet à raison de $\dfrac{1}{20}$:

$$\frac{80^{mq},50}{20} = 4^{mq},02\,50.$$

P. 511. Surface du plancher : $12^m,50 \times 9,33 = 116^{mq},62\,50.$

Valeur, à 3 francs le mètre superficiel :

$$3^f \times 116,62\,50 = 349^f,90.$$

P. 512. Surface de la toiture :

$$12^m,75 \times 18,60 = 237^{mq},15$$

Valeur de la volige :

$$1^f,15 \times 237,15 = \ldots\ldots \quad 272^f,70$$

Valeur des tuiles :

$$1^f,50 \times 237,15 = \ldots\ldots \quad 355\,,75$$

La couverture a coûté .... $628^f,45$

P. 513. Surface de la couverture de cette maison :

$$15 \text{ m.} \times 12 = 180 \text{ m. q.}$$

Nombre des tuiles à employer :

$$40 \times 180 = 7\,200.$$

Valeur de ces tuiles :

$$\frac{26 \times 7\,200}{1\,000} = \ldots\ldots \quad 187^f,20$$

P. 514. Surface de la couverture du P. 513 : 180 m. q.

Somme à donner au couvreur :

$$0^f,38 \times 180 = \ldots\ldots \quad 68^f,40.$$

P. 315. Surface de la couverture de la grange du P. 512 : $237^{mq},15.$

Poids des pointes : $\dfrac{125^{gr} \times 237,15}{1\,000} = 29^{kg},644.$

Valeur de ces pointes :
$$0^{r},80 \times 29,644 = 23 \text{ fr. } 70.$$

P. 316. Surface du plancher de la cuisine :
$$5^{m} \times 4,50 = 22^{mq},50.$$

Valeur de ce plancher :
$$4 \times 22,50 = 90 \text{ francs.}$$

P. 317. Il faudrait employer 11 chevrons dans le sens de la largeur de chacun 5^{m} *, formant une longueur développée de 55 mètres.

Prix de 55 m. de chevrons à $1^{f},05$ le mètre courant : $1^{f},05 \times 55 = \ldots\ldots\ldots\ldots\ldots$ $57^{f},75$

Valeur du plancher du P. 316 $\ldots\ldots\ldots$ $90\,,00$

Le plancher coûterait définitivement $\ldots$ $147^{f},75$

P. 318. 1° *Nombre de chevrons :* $\dfrac{5}{0,50} = 10 + 1 = 11$ chevrons

Longueur d'un chevron : $4^{m} + 0,50 = 4^{m},50.$

»   de 9 chevrons : $4^{m},50 \times 11 = 49^{m},50.$

Valeur de ces chevrons : $1^{f},05 \times 49,50 = 51^{f},95$

Surface du plancher $\ldots$ $5^{m} \times 4 = 20$ m. q.

Valeur du plancher $\ldots$ $4 \times 20 = $ $80\,,00$

2° *Prix du plancher* $\ldots\ldots\ldots\ldots\ldots$ $131^{f},95$

---

* Dans ce problème, la division de 5 par $0^{m},50$ donne 10 chevrons; mais il faut ajouter un chevron en plus pour avoir le nombre réel des chevrons à employer. On se convaincra de cette vérité en traçant une figure carrée ou de forme rectangulaire de 5 mètres de longueur et en divisant cette figure en 10 bandes égales de chacune $0^{m},50$ de largeur; la première bande comprendra 2 chevrons, les deux premières bandes contiendront 3 chevrons, les trois premières, 4, etc.

Il est essentiel de remarquer que les chevrons s'appuient sur les murs par leurs deux bouts; nous supposons ici que chaque bout de chevron pénètre de $0^{m},25$ dans l'épaisseur des murs.

P. 519. Surface de la cloison : $5^m,33 \times 3,33 = 17^{mq},74\,89$.

Valeur de cette cloison : $1^f,75 \times 17,74\,89 = 31^f,05$.

P. 520. Surface du plafond.... $5^m,33 \times 3,66 = 19^{mq},50\,78$.

Valeur du plafond.... $1^f,75 \times 19,50\,78 = 34^f,15$.

P. 521. Surface d'un mur : $6^m,66 \times 3 = 19^{mq},98$.

Surface de 4 murs : $19^{mq},98 \times 4 = 79^{mq},92$.

Prix de la tapisserie...... $0^f,75 \times 79,92 = 59^f,95$

Longueur de la bordure :

$$6^m,66 \times 4 \times 2^* = 53^m,28.$$

Prix de cette bordure.... $0^f,05 \times 53,28 = \underline{\quad 2,65}$

Cette tapisserie s'est élevée à............. $62^f,60$

P. 522. Surface du lambris :

$$0^m,80 \times 6^m,66 \times 4 = 21^{mq},31\,20.$$

Prix du papier de tapisserie :

$$0^f,75 \times 21,31\,20 = 16 \text{ francs.}$$

La tapisserie du P. 521 reviendrait, si le bas de l'appartement était lambrissé,

$$\text{à } 62 \text{ fr. } 60 - 16 \text{ fr.} = 46 \text{ fr. } 60.$$

P. 523. Surface de 2 murs de $6^m,65$ de longueur sur $2^m,65$ de hauteur : $6^m,65 \times 2,65 \times 2 = 35^{mq},24\,50$.

Surface de 2 murs de 5^m de largeur sur $2^m,65$ de hauteur : $5^m \times 2,65 \times 2 = 26^{mq},50$.

Surface totale : $35^{mq},24\,50 + 26^{mq},50 = 61^{mq},74\,50$.

Dépense : $0^f,40 \times 61,74\,50 = 24^f,70$.

---

* Nous multiplions la longueur de chaque mur par 4 pour obtenir le périmètre ou pourtour de l'appartement ; nous multiplions par 2 le produit de la longueur par 4, parce que la bordure a 2 fois le pourtour de l'appartement ; en effet, le papier de tapisserie a DEUX BANDES de bordure, une en haut et l'autre en bas.

P. 524.   Surface de deux murs de 4^m, 50 de longueur :
$$4^m,50 \times 2,65 \times 2 = 23^{mq},85.$$

Surface de deux murs de 4 mètres de longueur :
$$4^m \times 2,65 \times 2 = 21^{mq},20.$$

Surface totale : $23^{mq},85 + 24^{mq},20 = 45^{mq},05.$

Dépense : $0^f,60 \times 45,05$................   27^f,05

P. 525.   Surface de la façade : $12^m \times 7,35 = 88^{mq},20.$
Valeur de l'enduit : $0^f,85 \times 88,20$........   74^f,95

P. 526.   Surface totale de la maison :
$$20^m \times 8 \times 4 = \quad 640^{mq}.$$

A déduire :

Surface de 8 bandes * :
$$0^m,50 \times 8 \times 8 = \quad 32^{mq}.$$

Reste............   608^{mq}.

Valeur de l'enduit : $0^f,50 \times 608$.........   304^f,00

P. 527.   Surface à peindre :
$$115^m \times 0,65 = 74^{mq},75.$$

Valeur de la peinture : $0^f,30 \times 74,75$......   22^f,40

P. 528.   Surface d'une paire de contrevents :
$$4^m,66 \times 1,20 = 1^{mq},9920.$$

Surface de quatre paires de contrevents :
$$1^{mq},9920 \times 15 = 29^{mq},88.$$

Surface de la peinture :
$$29^{mq},88 \times 2 = 59^{mq},76.$$

Valeur de cette peinture : $1^f \times 59,76$......   59^f,75

P. 529.   Au vert-de-gris, cette peinture coûterait :
$$1^f,40 \times 59,76$$................   83^f,65

---

* Chaque mur à deux bandes non enduites.

P. 330.   Surface du plancher : $5^m,33 \times 3,66 = 19^{mq},5078$.

       »   latérale des chevrons......   9 ,7539.

       »   totale .... $29^{mq},2617$.

Coût de la peinture : $0^f15 \times 29,2617$ .... $4^f,40$

P. 331.   La maison a $6 \times 18 = 108$ carreaux de verre.

    Surface de 108 carreaux :

$$0^m,40 \times 0,35 \times 108 = 15^{mq},12.$$

Valeur du verre : $5^f \times 15,12$........... $75^f,60$

P. 332.   Surface de 15 croisées :

$$1^m,35 \times 15 = 20^{mq},25.$$

Prix d'un mètre de peinture :

$$\frac{20^f,25}{20 ,25} = \dots\dots\dots\dots \quad 1^f,00$$

P. 333.   Surface de cette table :

$$36,1416 \times 0,25 = 0^{mq},7854.$$

Prix de cette table :

$$12^f \times 0,7854 \dots\dots\dots\dots \quad 9^f,40$$

Par la deuxième méthode (121) on aurait obtenu :

Longueur de la circonférence :

$$3,1416 \times 1 = 3,1416.$$

Surface de la table : $3,1416 \times 0,25 = 0^{mq},7854$,
résultat identique au premier.

P. 334.   Surface de la muraille :

$$1\,800\,000 \times 8 = 14\,400\,000 \text{ m. q.}$$

Un kilomètre carré vaut :

$$1\,000 \times 1\,000 = 1\,000\,000 \text{ de m. q.}$$

Surface de la muraille en kilom. carrés :

$$\frac{14\,400\,000}{1\,000\,000} = 14^{kmq},4.$$

P. 335. *Poids de l'air supporté par cet homme :*

$$1^{kg},033 \times 10\,500 = 10\,846^{kg},500.$$

1 mètre carré vaut 10 000 cent. carrés, et 5 décim. carrés valent 500 cent. carrés, soit en totalité 10 500, comme ci-dessus.

P. 336. Surface des cloisons : $25 \times 3 = 75$ m. q.

Quantité de briques : $50 \times 75 = 3\,750$ briques.

Valeur de ces briques :

$$\frac{15 \times 3750}{1\,000} = 56^{f},25.$$

Valeur de ces briques, si elles étaient doubles :

$$\frac{25 \times 3750}{1\,000} = 93^{f},75.$$

P. 337. Surface d'un losange (120) :

$$0^{m},15 \times 0,12 = 0^{mq},0180.$$

Surface de 250 losanges :

$$0^{mq},0180 \times 250 = 4^{mq},50.$$

P. 338. Surface du cylindre : $0^{m},56 \times 0,60 = 0^{mq},3360.$

Prix du zinc : $10^{f} \times 0,3360 = 3^{f},35.$

P. 339. Les deux murs, mesurés intérieurement et sur le sens de la largeur de la maison, perdent chacun 1 m., en supposant les murs latéraux de $1^{m},50$ d'épaisseur. Nous aurons donc :

Surface de 2 murs de $10^{m}.66 - 1$ m. $= 9^{m},66$ de larg.

$$9^{m},66 \times 8,66 \times 2 = 167^{mq},3112$$

Surface de 2 murs $13^{m},33$ de longueur :

$$13^{m},33 \times 8,66 \times 2 = 230^{mq},8756$$

Surface totale............ $398^{mq},1868$

Valeur à 3 fr. 75 les 4 mètres superficiels :

$$\frac{3^{f},75 \times 398,1868}{4} = 373^{f},30.$$

On pourrait encore, pour trouver la surface de la maison, multiplier le pourtour par 8^m,66. Ce pourtour est de :

$$13^m,33 + 13^m,33 + 9^m,66 + 9^m,66 = 45^m,98.$$

Surface de la maison : 45^m,98 $\times$ 8^{m}66 = 398^{mq},1868, comme ci-dessus.

P. 340. Hauteur des angles : 6^m,25 + 5^m,75 = 12^m,00.

Surface : $\dfrac{12^m \times 12,50}{2} = 75^{mq}$.

P. 341. Surface de la porte-croisée :

$$2^m,68 \times 1,33 = 3^{mq},5644.$$

Valeur : 9^f,75 $\times$ 3,5644 . . . . 34^f,75

P. 342. Surface de la porte pleine :

$$2^m \times 1,10 = 2^{mq},20.$$

Valeur : 7^f,50 $\times$ 2,20 . . . . 16^f,50

P. 343. Surface de quatre croisées :

$$1^m,50 \times 1 \times 4 = 6^{mq}.$$

Valeur : 8^f,25 $\times$ 6 . . . . 49^f,50

P. 344. Surface de la porte :

$$1^m,85 \times 1,10 = 2^{mq},0350.$$

Valeur : 8^f,25 $\times$ 2,0350 . . . . 16^f,80

P. 345. Surface des contrevents : 29^{mq},88.

Leur valeur à 7 fr. le m. q. :

$$7^f \times 29,88 . . . . 209 ,15$$

P. 346. Surface de la maçonnerie du p. 339 . . . 398^{mq},1868

 » de deux pignons : $\dfrac{10^m,66 \times 2}{4} =$ 5 ,3300

 » totale . . . . 403^{mq},5168

Valeur à 3 francs le mètre superficiel :

$$3^f \times 403,5168 . . . . 1 210^f,55$$

MESURES DE SURFACE

§ 2.

P. 347.   L'hectare vaut 10 000 m. q.

52 800 000 hectares valent :

52 800 000 $\times$ 10.000 = 528 000 000 000 de m. q.

La lieue carrée vaut : . . .

4 000^m $\times$ 4 000 = 16 000 000 de m. q.

Le myriamètre carré vaut :

10 000 $\times$ 10 000 = 100 000 000 de m. q.

Le kilomètre carré vaut :

1 000 $\times$ 1 000 = 1 000 000 de m. q.

D'où il suit que la France a une superficie de :

$$\frac{528\ 000\ 000\ 000}{16\ 000\ 000} = 33\ 000 \text{ lieues carrées.}$$

$$\frac{528\ 000\ 000\ 000}{100\ 000\ 000} = 5\ 280 \text{ myriamètres carrés.}$$

$$\frac{528\ 000\ 000\ 000}{1\ 000\ 000} = 528\ 000 \text{ kilomètres carrés.}$$

P. 348.   Surface de la 1re parcelle . . . . .   35^a,25

      »   de la 2e »   . . . . .   37 ,17

      »   de la 3e »   . . . . .   45 ,30

      »   de la 4e »   . . . . .   41 ,28

      »   de la 5e »   . . . . .   39 ,95

      »   de la 6e »   . . . . .   33 ,66

      »   de la 7e »   . . . . .   48 ,00

      »   de la 8e »   . . . . .   41 ,19

      »   de la 9e »   . . . . .   75 ,00

Contenance totale . . . .   396^a,80

P. 549. Contenance primitive de la terre...... $4^{ha},0000.$

    »   convertie en pré.......... $1\ ,2256.$

Surface actuelle de la terre.......... $2^{ha},7744.$

P. 550. Il faudrait ajouter :

$$2^{ha},0000 - 45^{a},30 = 1^{ha},5470.$$

P. 551. Surface des terres labourables :

$$6^{ha},2504 \times 4 = 25^{ha},0016$$

»   des prairies... $\quad 2^{ha},4029 \times 4 = \ 9^{ha},6116$

»   des bois...... $\quad 1^{ha},0005 \times 4 = \ 4^{ha},0020$

Surface totale du domaine............ $38^{ha},6152$

P. 552. Chaque héritier aura $\dfrac{6^{ha},2475}{3} = 2^{ha},0825$ de terres,

$$\dfrac{3^{ha},0015}{3} = 1^{ha},0005 \text{ de prairies,}$$

$$- \text{ et } \dfrac{92^{a},43}{3} = 30^{a},81 \text{ de bois.}$$

F. 553. Surface de la terre : $150^{m} \times 150 = 2^{ha},25.$

Prix de cette terre :

$$6\,000 \text{ fr.} \times 2,25 = 13\,500 \text{ francs.}$$

P. 554. Surface du terrain : $150^{m} \times 115 = 1^{ha},7250.$

1° *Quantité de fumier à employer :*

$$20^{mc}, \times 1,7250 = 34^{mc},500.$$

2° *Valeur de ce fumier :*

$$3^{f},50 \times 34,500 = \ldots\ldots\ldots \quad 120^{f},75.$$

P. 555. Surface de la terre : $128^{m} \times 75 = 0^{ha},9600.$

Nombre de journées pour la culture de cette terre :

$$20 \times 0^{ha},96\,00 = 19 \text{ journées et 2 heures.}$$

Valeur de ces journées :

$$1^{f},50 \times 19,2\ldots\ldots\ldots \quad 28^{f},80.$$

On aurait encore pu réduire les journées en heures, et on aurait trouvé qu'il faut 192 heures pour cultiver la terre; l'heure valant $0^f,15\left(\dfrac{1^f,50}{10}\right)$, 192 heures valent :

$$0^f,15 \times 192 = 28^f,80.$$

P. 356.   Surface du pré : $48^m \times 34,50 = 16^a,56.$

En 1 heure l'ouvrier fauche : $\dfrac{25}{10} = 2^a,5.$

Temps utile pour faucher $16^a,56$:

$$\dfrac{16,56}{2,5} = 6 \text{ heures } 37 \text{ minutes environ.}$$

L'ouvrier faucheur recevrait, à raison de $0^f,15$ l'heure,

$$0^f,15 \times 6,6 = 1 \text{ franc.}$$

P. 357.   Quantité de fumier employée :

$$20^{mc} \times 1,5025 = 50^{mc},050.$$

Valeur de ce fumier : $3^f,50 \times 30,050$ . . . . . . $105^f,20$

Semis : $1^{hl},50 \times 1,5025 = 2^{hl},25.$

Valeur du semis : $20^f \times 2,25$ . . . . $45,00$

   »   de   2 journées $1/2 : 6^f \times 2,5$ . . . . . . $15,00$

   »   de 20   »   d'homme: $1^f,50 \times 20$ $30,00$

                            Dépense totale . . . . $195^f,20$

Rendement : $15^{hl} \times 1,5025 = 22^{hl},54.$

Valeur de ce froment : $20^f \times 22,54$ . . . . . . $450^f,80$

Paille : $165^{ks} \times 22,54 = 5\,719^{ks},100.$

Valeur de cette paille : $\dfrac{42^f \times 5\,719,100}{1\,000}$ . . . . $156,20$

               Valeur du rendement total . . . $607^f,00$

    BALANCE :

    Valeur de la récolte . . . . $607^f,00$

    Dépense . . . . $195,20$

Valeur nette de la récolte . . . . $411^f,80$

P. 558. Il faut 20 heures (p. 557) à une paire de bœufs pour labourer un hectare; pour labourer $2^{ha},25$, il faudrait : $20 \times 2,25 = 45$ heures.

Un heure de travail vaut : $\dfrac{6}{8} = 0^f,75,$

et 45 heures valent : $0^f,75 \times 45$ ...... $33^f,75$

Une paire de chevaux fait 1/5 en sus du travail des bœufs; alors $33^f,75$ représentent $\dfrac{6}{5}$.

Les $\dfrac{6}{5}$, ou le travail des chevaux, valent :

$$\dfrac{33^f,75 \times 5}{6} = \;\ldots\ldots\ldots\ldots\ldots\; 28^f,15$$

On économiserait donc : $33^f,75 - 28^f,15$ ... $5^f,60$

P. 559. Surface de la terre :

$$310^m \times 275,10 = 8^{ha},5281.$$

Il a fallu : $6 \times 85\,281 = 511\,686$ *plants.*

P. 560. Surface du terrain :

$$\dfrac{128^m \times 75}{2} = 48\,00 \text{ m. q.}$$

Quantité de tubercules à employer :

$$9 \times 48\,00 = 43\,200 \text{ *tubercules.*}$$

P. 561. 1° Quantité de guano à employer :

$$400^{kg} \times 0,4800 = 192 \text{ kg.}$$

2° Valeur de ce guano :

$$\dfrac{35^f \times 192}{100} \;\ldots\ldots\ldots\; 67^f,20$$

P. 562. Surface du terrain : $72^m \times 55 = 0^{ha},3960.$

Quantité de guano à employer :

$$400^{kg} \times 0,3960 = 158^{kg},400.$$

Quantité d'azote contenue dans ce guano :

$$\dfrac{15 \times 158,400}{100} = 23^{kg},760.$$

Valeur de cet azote, et, par suite, de la fumure :

$$1^f,75 \times 23,760 \;\ldots\ldots\ldots\; 41^f,60$$

P. 363.   Quantité de plâtre à employer :
$$16^{hl} \times 0,5625 = 9 \text{ hectol.}$$
Poids de ce plâtre : $216^{ks} \times 9 = 1\,944 \text{ kg.}$

Valeur du plâtrage : $\dfrac{2^f,25 \times 1944}{100}$ ..... $43^f,75$

P. 364.   Surface de la terre :
$$52^m,15 \times 32,25 = 1681^a,8375.$$
Quantité de poudrette à employer :
$$15 \times 0^{ha}1681\,8375 = 2^{hl},52.$$
Valeur de la poudrette :
$$5^f \times 2,52 \ldots\ldots\ldots \quad 12^f,60$$

P. 365.   Surface de la terre :
$$\frac{83^m,50 \times 44,66}{2} = 1864^{mq},5550.$$

Quantité de grains employée au plantoir :
$$33^{lt} \times 0,1864\,5550 = 6^{lt},15.$$
Quantité de grains employée au semoir :
$$100^{lt}, \times 0,1864\,5550 = 18^{lt},65.$$
Valeur d'un litre de grains :
$$\frac{30 \text{ fr.}}{112,500} = 0^f,266.$$
Valeur de $6^{lt},15 : 0^f,266 \times 6,15 = 1^f,65.$
  »   de $18^{lt},65 : 0,266 \times 18,65 = 4^f,95.$
Économie du premier mode sur le second :
$$4^f,95 - 1^f,65 \ldots\ldots\ldots \quad 3^f,30$$

P. 366.   Dans le sens de la largeur, il faudrait passer la herse :
$$\frac{120}{1,20} = 100 \text{ fois;}$$
de cette manière, l'attelage ferait :
$$69^m,60 \times 100 = 6\,960 \text{ mètres,}$$
et il mettrait :
$$\frac{6\,960}{40} = 174 \text{ *minutes,* ou 2 *heures* 54 *minutes.*}$$

L'attelage de chevaux mettrait ce temps diminué d'un cinquième, ou

$$2 \text{ heures } 54 \text{ minutes}$$

moins........ $\underline{\qquad 34 \qquad \text{»} \qquad 48 \text{ secondes,}}$

soit........ *2 heures 19 minutes 12 secondes, temps demandé.*

NOTA. — Dans la pratique, les minutes se représentent par le signe ′ et les secondes par ″.

P. 367.   Périmètre ou pourtour du polygone :

$$16^{m},50 \times 6 = 99 \text{ mètres.}$$

Surfaces de six triangles :

$$\frac{99^{m}, \times 15,40}{2} = 712^{mq},80.$$

Rendement : $16^{hl} \times 0,07128 \ 1^{hl},14.$

Valeur de ce seigle : $12^{f} \times 1,14$........ $13^{f},70$

Paille correspondante :

$$175^{kg} \times 1,14 = 199^{kg},50.$$

Valeur de cette paille :

$$\frac{42^{f} \times 199,50}{1\,000} \ldots \ldots \quad 8,40$$

$$\text{Rendement} \ldots \ldots \ldots \ldots \ldots \quad 22^{f},10$$

P. 368.   *Paille correspondant à l'avoine :*

$$47^{kg} \times 12 = 564 \text{ kg.}$$

P. 369.   Graine nécessaire à l'ensemencement :

$$30^{kg} \times 1,0225 = 120^{kg},675.$$

Valeur de cette graine :

$$1^{f},50 \times 120,675 \ldots \ldots \quad 181^{f},00$$

P. 370.   Quantité de graine de trèfle :

$$28^{kg} \times 0,2380 = 6^{kg},664.$$

Valeur de la graine :

$$1^{f},60 \times 6,664 \ldots \ldots \quad 10^{f},65$$

P. 371.   Surface de la terre :

$$\frac{65^m + 47,50}{2} \times 52,23 = 2\,939 \text{ m. q.}$$

Quantité de graine à employer :

$$14^{kg} \times 0,2939 = 4^{kg},115.$$

Valeur de cette graine :

$$\frac{70^f \times 4,115}{100} \dots\dots\dots\dots \quad 2^f,88$$

P. 372.   Surface de cette terre :

$$3,1416 \times 22,5 \times 22,5 = 0^{ha},1590.$$

Rendement.......... $6\,000^{kg}, \times 0,1590 = 954 \text{ kg.}$

Valeur de ce foin :

$$\frac{60 \times 954}{1\,000} \dots\dots\dots\dots\dots \quad 57^f,25$$

P. 373.   Surface du jardin :

$$12^m,50 \times 8,33 = 0^{ha},0104.$$

Chènevis à employer :

$$3^{hl} \times 0,0104 \dots\dots\dots \quad 3^{lt},20$$

P. 374.   Surface à défricher :

$$25^m,75 \times 15,25 = 0^{ha},0393.$$

Valeur du défrichement :

$$100^f, \times 0,0393 \dots\dots \quad 3^f,93$$

P. 375.   Surface à écobuer :

$$82^m, \times 70 = 5740^{mq}, \text{ ou } 57^a,40.$$

Minutes employées :

$$210 \times 57,40 = 12\,054 \text{ ou } 200 \text{ } \textit{heures } 54 \textit{ minutes.}$$

L'heure se payant $0^f,15$, 200 heures 54 min. 9/10 se payeront :

$$0^f,15 \times 200 \text{ } 9/10 \dots\dots\dots \quad 30^f,15$$

P. 576   Surface du terrain :

$$\frac{117 \, \times 58{,}66}{2} = 0^{ha}{,}3431.$$

Valeur du défrichement :

$$200^f \times 0{,}3431\ldots\ldots \qquad 68^f{,}60$$

P. 577.   Surface du jardin :

$$8^m{,}50 \times 8{,}10 = 68^{mq}{,}85.$$

Revenu en graines :

$$\frac{20^{hl} \times 0{,}6885}{10\,000} = 13^{lt}{,}75.$$

Poids de ces graines :

$$\frac{65^{kg} \times 13{,}75}{100} = 8^{kg}{,}937.$$

Huile produite :

$$\frac{8^{kg}{,}937 \times 40}{100} = 3^{kg}{,}575.$$

Valeur du revenu :

$$\frac{97^f \times 3{,}575}{100} \ldots\ldots\ldots\ldots \qquad 3^f{,}45$$

P. 578.   Quantité de fumier pour 1 are :

$$\frac{20\,000^{kg}}{100} = 200 \text{ kg.}$$

Quantité pour 40 ares :

$$200^{kg} \times 40 = 8\,000 \text{ kg.}$$

P. 579.   Nombre de lignes :

$$\frac{100^m}{0{,}55} = 181 \text{ lignes.}$$

Plants sur chaque ligne :

$$\frac{100}{0{,}33\frac{1}{3}} = 300 \text{ plants.}$$

Plants sur 181 lignes :

$$300 \times 181 = 54\ 300 \text{ plants.}$$

Poids de ces plants :

$$0^{kg},750 \times 54\ 300 = 40\ 725 \text{ kg.}$$

Ces betteraves équivalent à :

$$\frac{40\ 725}{3} = 13\ 575 \text{ kilogr. } de\ foin.$$

Valeur du foin :

$$60^f \times 13\ 575 \ldots\ldots\ldots\ldots\ldots \quad 814^f,50$$

P. 580. Nombre de lignes :

$$\frac{100^m}{0,33\frac{1}{3}} = 300 \text{ lignes.}$$

Tubercules dans chaque ligne :

$$\frac{100^m}{0,33\frac{1}{3}} = 300 \text{ tubercules.}$$

Nombre total des tubercules.

$$300 \times 300 = 90\ 000 \ tubercules.$$

P. 581. Rendement d'un hectare :

$$3\ 000^{kg} \times 100 = 300\ 000 \text{ kg.}$$

Fécule fournie par 300 000 kg.

$$\frac{16 \times 300\ 000}{100} = 48\ 000 \text{ kg.}$$

Prix de cette fécule :

$$0^f,30 \times 48\ 000 \ldots\ldots\ldots \quad 14\ 400 \ francs.$$

P. 582. Fécule fournie par 13 000 kg. de pommes de terre :

$$\frac{20 \times 13\ 000}{100} = 2\ 600 \text{ kg.}$$

Valeur de cette fécule :

$$0^f,30 \times 2\ 600 = 780 \text{ fr.}$$

En cultivant un hectare de terrain en ignames, le cultivateur réaliserait, sur la culture du même terrain ensemencé en pommes de terre :

$$14\,400^f - 780^f = 13\,620 \text{ francs.}$$

NOTA. — Nous ne sachons pas que l'igname ait été encore introduite dans la grande culture. On ne serait pas dans le vrai, si l'on admettait rigoureusement le rendement de 300 000 kilogr. par hectare ; ce rendement a été déduit de celui de quelques mètres carrés qui ont donné une récolte exceptionnelle. Il est bon aussi de remarquer que l'igname doit rester *plusieurs années dans la terre* avant de donner sa récolte normale. Il est donc permis de croire que le rendement de la pomme de terre sera toujours au moins égal à celui de l'igname, toutes choses égales d'ailleurs.

P. 383.   Nombre de lignes :

$$\frac{100^m}{0,75} = 133 \text{ lignes.}$$

Nombre de plants sur chaque ligne :

$$\frac{100}{0,25} = 400 \text{ plants.}$$

Quantité de plants à employer :

$$400 \times 133 = 53\,200 \text{ plants.}$$

P. 384.   Poids des betteraves rendues par $0^{ha},6725$:

(P. 379) $40\,725 \times 0,6725 = 27\,387$ kg.

Valeur de ces betteraves :

$$\frac{25^f \times 27\,387}{1\,000} \dots\dots\dots\dots\dots\ 684^f,70$$

P. 385.   RECETTES.

Poids des betteraves récoltées dans $0^{ha},40$:

$$80\,000^{ks} \times 0,40 = 32\,000 \text{ kg.}$$

Valeur brute de cette récolte :

$$\frac{25^f \times 32\,000}{1\,000} \dots\dots\dots\ 800 \text{ fr.}$$

DÉPENSES.

Phospho-guano à employer sur $0^{ha},40$:

$$550^{kg} \times 0,40 = 220 \text{ kg.}$$

Valeur de cette fumure :

$$\frac{25^f \times 220}{100} \ldots\ldots\ldots\ldots \quad 55 \text{ fr.}$$

Frais de culture pour $0^{ha},40$:

$$420^f \times 0,40 \ldots\ldots\ldots \quad 168 \text{ »}$$

Total$\ldots\ldots\ldots \quad 223$ fr.

BALANCE.

Recettes$\ldots\ldots\ldots\ldots\ldots\ldots \quad 800$ fr.

Dépenses $\ldots\ldots\ldots\ldots\ldots\ldots \quad 223$

Valeur nette de la récolte$\ldots \quad 577$ fr.   ci$\ldots \quad 577^f,00$

Valeur de 1 000 kg$\ldots\ldots\ldots \quad \dfrac{577 \times 1\,000}{32\,000} \ldots \quad 18,05$

P. 386.   Surface pour 2 bœufs$\ldots$ $5^{mq},50 \times \quad 2 = 11$ mq.

— 2 vaches$\ldots$ $6^{mq}, \quad \times \quad 2 = 12$ »

— 20 moutons. $1^{mq}, \quad \times 20 = 20$ »

Surface totale$\ldots\ldots\ldots\ldots\ldots \quad 43$ mq.

L'étable aurait pour longueur :

$$\frac{43^{mq},}{5} = 8^m,60.$$

P. 387.   Engrais à employer pour $0^{ha},3335$:

$$5^{mc}, \times 0,3335 = 1^{mc},667500.$$

P. 388.   La longueur du côté de l'hectare est :

$$\sqrt{10\,000} = 100 \text{ \textit{mètres}} - \text{ou } 10 \text{ \textit{décamètres}} - \text{ou } 1 \text{ \textit{hectomètre}.}$$

NoTA. — Le signe $\sqrt{}$ indique qu'on doit extraire la *racine carrée* du nombre qui est placé sous sa branche horizontale. Ce signe s'appelle *radical*.

P. 589.   Longueur du côté de l'are :

$$\sqrt{100^{mq}} = 10 \text{ mètres} - 1 \text{ décamètre} - 100 \text{ décimètres.}$$

P. 590.   Longueur du côté du carré :

$$\sqrt{18225^{mq}} = 135 \text{ mètres.}$$

La *longueur* de chaque rectangle sera donc de 135 mètres et la *largeur* de

$$\frac{135}{3} = 45 \text{ mètres.}$$

P. 591.   Côté du carré ou diamètre du cercle :

$$\sqrt{73^{mq},1025} = 8^m,55.$$

La *longueur du rayon* est donc de $4^m,275$.

P. 592.   Surface du carré de jardin rectangulaire :

$$16^m \times 9 = 144 \text{ mètres carrés.}$$

Longueur du côté du carré :

$$\sqrt{144} = 12 \text{ mètres.}$$

P. 593.   Produit des deux surfaces :

$$112 \times 75 = 8\,400 \text{ mq.}$$

Moyenne proportionnelle :

$$\sqrt{8\,400^{mq}} = 91^m,65.$$

P. 594.   La racine carrée de 225 est :

$$\sqrt{225} = 15.$$

La racine carrée du nombre demandé est donc :

$$15 - 1 = 14,$$

et son carré est : $14^2 = 196$.

MESURES DE VOLUME OU DE SOLIDITÉ.

P. 395. 3^{mc},115 | P. 396. 2^{mc},028 108
                     1 ,024 | 6 ,004 023
                     0 ,491 | 4 ,000 016
Total...... 4^{mc},630 | Total... 12^{mc},032 147

P. 397. 7^{mc},000 150 | P. 398. 0^{mc},005 005 123
                     0 ,672 101 | 1 ,040 000 040
                     0 ,000 910 | 0 ,000 000 750
Total... 7^{mc},673 161 | Total... 1^{mc},045 005 913

P. 399. 8^{mc},008 008 | P. 400. La différence demandée est de :
0^{mc},040 040 040 | 115^{mc},028
0 ,300 300 300 | — 92 ,435
Total... 8^{mc},348 348 340 | = 22^{mc},593

P. 401.   Nombre donné............... 20^{mc},000 000
           Moins.....................   15 ,004 915
           Il faut ajouter............. 4^{mc},995 085

P. 402.   Cube primitif de l'arbre....... 0^{mc},076 223
           Partie retranchée...........   0 ,027 334
           Volume actuel de l'arbre...... 0^{mc},048 889

P. 403.   Nombres proposés..... 0^{mc},037 033 408
                                   0 ,019 900 705
           Reste...... 0^{mc},017 132 703

P. 404.   Volume primitif............. 0^{mc},080,000,000
           »   après l'évaporation....   0 ,066 000 075
           »   *Quantité d'eau évaporée.* 0^{mc},013 999 925

P. 405.   1° *Volume de 14 chevrons :*
           0^{m},15² $\times$ 3,50 $\times$ 14 = 1^{mc},102 500.
           2° *Prix de ces chevrons :*
           69^{r} $\times$ 1,102500................ 76^{f},10

P. 406. *Volume de ces poutres :*

$$1^{mc},310\ 801 \times 12 = 3^{mc},729\ 612.$$

P. 407. *Ce robinet donne à l'heure :*

$$0^{mc},004 \times 60 = 0^{mc},240.$$

Volume de l'auge : $1^{m},20 \times 0,80 \times 0,50 = 0^{me}480.$

Il faudrait, pour remplir cette auge :

$$\frac{0^{mc},480}{0\quad,240} = 2\ \textit{heures.}$$

P. 408. *Volume de la règle :*

$$0^{mq},0001 \times 4 = 0^{me},000\ 400.$$

P. 409. *Volume du prisme :*

$$0^{mq},3025 \times 2,50 = 0^{mc},756\ 250.$$

P. 410. *Solidité de cet arbre :*

$$0^{mq},650023 \times 6,25 = 4^{mc},062\ 643.$$

P. 411. Surface de la base de la pyramide :

$$243^2 = 59\ 049.$$

Volume de la pyramide :

$$59049 \times \frac{150}{3} = 19\ 683\ \textit{mètres cubes.}$$

P. 412. Solidité de ce cône :

$$0^{mq},250075 \times \frac{0,96}{3} = 0^{me},802\ 400.$$

P. 413. Surface du fond, au jable :

$$3,1416 \times 0,25^2 = 0^{mq},196350.$$

Surface de la section verticale du bouge :

$$3,1416 \times 0,30^2 = 0^{mq},282744.$$

Moyenne proportionnelle entre ces deux surfaces :

$$\sqrt{(0^{mq},196350 \times 0,282744)} = \frac{0^{mq},25\ 5619}{\text{Total} \ldots \ldots\ 0^{mq},71\ 4713}$$

Volume du cône :

$$0^{mq},71\ 4713 \times 0,14 = 0^{mc},100.$$

Volume des 2 cônes ou de la barrique entière :
$$0^{mc},100 \times 2 = 0^{mc},200.$$

Le décimètre cube a 1 litre de capacité; par conséquent la barrique dont il s'agit contient 200 *litres*.

REMARQUE. — Le facteur 0,14 est le 1/6 de $0^m,84$, hauteur de la barrique.

P. 414.   Volume du gabion :
$$1^m,33 \times 0,70 \times 0,40 = 0^{mc},37240.$$

Gabions contenus dans $37^{mc},240$:
$$\frac{37^{mc},240}{0,37\ 240} = 100 \text{ gabions.}$$

Temps utile pour enlever ce volume de terre :
$$\frac{100}{4} = 25 \text{ heures.}$$

P. 415.   Surface de la base du vase :
$$3,1416 \times 0,10^2 = 0^{mq},03\ 1416.$$

Volume du vase :
$$0^{mq},031416 \times 0,35 = 0^{me},010\ 995\ 600.$$

Le second vase sera contenu dans le premier :
$$\frac{0^{mc},010\ 995\ 600}{0,000\ 549\ 780} = 20 \text{ fois.}$$

P. 416.   Volume du bassin :
$$3,1416 \times 0,60^2 \times 2,50 = 2^{mc},827\ 440.$$

Temps que mettra la source pour emplir ce bassin :
$$\frac{2^{mc},827\ 440}{0,100} = 28 \text{ minutes et 16 secondes environ.}$$

P. 417.   Volume de l'eau contenue dans ce puits :
$$0,55^2, \times 3,1416 \times 4,5 = 4^{me},276\ 503.$$

Temps utile pour puiser ce volume d'eau :
$$\frac{4^{me},276\ 503}{0,004 \times 25} = 42 \text{ minutes et 45 secondes.}$$

P. 418. Diamètre de l'arbre :

$$\frac{1^m,5708}{3,1416} = 0^m,5.$$

Surface d'une des bases circulaires de l'arbre :

$$1^m,5708 \times \frac{0,5}{2} = 0^{mq},3927.$$

Volume de l'arbre :

$$0^{mq},3927 \times 6,50 = 2^{mq},552\,550.$$

Valeur de ce volume :

$$62^f, \times 2,552\,550\ldots\ldots \quad 158^f,25.$$

P. 419. Volume du fumier : .

$$2^m,25 \times 2,15 \times 1,10 = 5^{mc},321\,250.$$

1° *Poids de ce fumier :*

$$750^{kg}, \times 5,321\,250 = 3\,990^{kg},9375.$$

2° *Sa valeur à* $3^f,50$ *le mètre cube :*

$$3^f,50 \times 5,321\,250\ldots\ldots \quad 18\text{ fr.}$$

P. 420. Volume du plâtre :

$$22\,500^{mq}, \times 0,005 = 112^{me},500.$$

Quantité pour 1 *hectare :*

$$\frac{112^{me},500}{2,25} = 50\ \textit{mètres cubes.}$$

P. 421. Surface de la terre :

$$124^m \times 108 = 1^{ha},5392.$$

Quantité d'os à employer :

$$36^{hl}, \times 1,3392 = 48^{hl},21,\ \text{ou } 0^{ma},482\,100.$$

Coût de cette fumure :

$$21^f,50 \times 0,482\,100\ldots\ldots \quad 10^f,35$$

P. 422. Quantité de suie à employer :

$$\frac{100^{lt} \times 15,20}{20} = 76\text{ litres.}$$

Valeur de cette suie :

$$\frac{0^f,30 \times 76}{20}\ldots\ldots\ldots\ldots \quad 1^f,15$$

P. 423. 1° Coût de l'extraction de 25 mètres cubes de pierre de taille :

$$0^f,75 \times 25 = 18^f,75.$$

2° Coût de l'extraction à 0^f,20 l'heure :

$$0^f,20 \times 95 = 19 \text{ francs.}$$

Donc, on devrait préférer le premier mode d'extraction, puisqu'on gagnerait 0^f,25.

P. 424. 1° *Le mètre cube de moellons coûte :*

$$\frac{22^f}{40} = 0^f,55.$$

2° Coût de 4 mètres :

$$0^f,55 \times 4 \ldots\ldots\ldots\ldots \quad 2^f,20.$$

P. 425. 1° *Nombre de barriques pour faire 1 mètre cube :*

$$\frac{900^{kg}}{150} = 6 \text{ } barriques.$$

2° *Coût du mètre cube de chaux :*

$$4^f,25 \times 6 \ldots\ldots\ldots \quad 25^f 50$$

P. 426. Valeur de 0^{mc},400 de chaux calcinée:

$$\frac{25^f,50 \times 400}{1\,000} = 10^f,20.$$

Valeur de 4 heures de travail :

$$\frac{1^f,40 \times 4}{10} = 0,56.$$

Le mètre cube de chaux éteinte coûte donc..... 10^f,76.

P. 427. Volume du déblai :

$$6^m,25 \times 4,75 \times 2 = 59^{mc},375.$$

Argent à donner au terrassier :

$$0^f,15 \times 59,375 \ldots\ldots \quad 8^f,90$$

P. 428. 39 heures valent 2 340 minutes.

Volume de la fouille des terres :

$$\frac{4\,340}{50} = 46^{mc},800$$

Coût de ce volume :

$$0^f,15 \times 46,800 \dots\dots\dots \quad 7\ francs.$$

P. 429. Volume de l'appartement :

$$3^m \times 2,80 \times 3 = 25^{mc},200.$$

Volume d'air respiré :

$$8^{mc},157 \times 24 = 3^{mc},768.$$

On pourrait rester, sans inconvénient, 24 heures dans cet appartement.

P. 430. L'air atmosphérique se compose de 5 fois le volume de l'oxygène, soit :

$$0^{mc},754 \times 5 = 3^{mc},770,$$

comme au problème précédent.

P. 431. Les résultats des deux problèmes précédents sont identiques, moins 2 décimètres cubes.

P. 432. Le volume demandé serait de :

$$0^{mc},000\,005 \times 4\,000 = 0^{mc},020,$$

P. 433. Surface de la base de la cloche :

$$\dots\dots\ 15^m,708 \times \frac{5}{4} = 19^{mq},6350.$$

Volume de cette cloche :

$$19^{mq},6350 \times 11,25 = 220^{mc},893\,750$$

$$\text{Volume} \begin{cases} \textit{du carbone}\dots & 73^{mc},631\,250 \\ \textit{de l'hydrogène.} & 147^{mc},262\,500 \end{cases}$$

P. 434.   Contenance du vase :

$$3,1416 \times 0^m,10^2 \times 0,40 = 0^{mc},0125664.$$

Volume de l'eau congelée :

$$0^{mc},012 + 0^{mc},0012 = 0^{mc},0132.$$

. Ce volume excède la contenance du vaste de

$$0^{mc},0132 - 0^{mc},0125664 = 0^{mc},000633600.$$

Le vase éclatera, parce qu'il ne pourra pas contenir l'eau réduite en glace.

P. 435.   Volume de l'eau contenue dans le vase du problème
précédent réduite à l'état de vapeur :

$$0^{mc},012 \times 1700 = 20^{mc},400.$$

P. 436.   1 décimètre d'air atmosphérique augmente de volume pour 1 degré de chaleur de :

$$1 \times \frac{1}{267} \; 0^{dc},00375.$$

Et pour 100 degrés de :

$$0,375$$

De sorte qu'un décimètre cube d'air devient de zéro à
100 degrés :

$$1^{dc},375.$$

4 litres d'air à zéro deviendraient à 100 degrés :

$$1^{dc}.375 \times 4 = 5^{dc},500.$$

La vessie éclaterait à 100 degrés : la force de rupture serait
représentée par $0^{mc},001500$, ou $1^{dc},5$.

P. 437.   Cube des déblais de la rade de Toulon :

236 hectares, ont $2\,360\,000^{mq} \times 9,50 = 22\,420\,000\,mèt. cubes.$

P. 438.   Volume de la terre de 2 tranchées de 12 mètres de longueur :

$$12^m, \times 1{,}35 \times 0{,}75 \times 2 = 24^{mc}{,}300\,000.$$

Volume de la terre de 2 tranchées de $10^m{,}50^*$ de longueur :

$$10^m{,}50 \times 1{,}35 \times 0{,}75 \times 2 = 21^{mc}{,}262\,500$$

$$\text{Cube total} \ldots \ldots \quad 45^{mc}{,}562\,500$$

Temps utile pour enlever ce cube :

$$40 \times 45{,}562\,500 = 30 \text{ heures et } 22 \text{ minutes.}$$

P. 439.   L'ouvrier terrassier gagne par heure :

$$\frac{1^f{,}80}{10} = 0^f{,}18.$$

Et en 30 heures 20 minutes, il gagnera :

$$0^f{,}18 \times 30\,\frac{1}{3} \ldots \ldots \ldots \quad 5^f{,}45$$

P. 440.   Pour être extrait, 1 mètre cube de moellons exige :
2 heures 45 minutes ou 165 minutes.

En une journée de 10 heures, ou 600 minutes, l'ouvrier en extrairait :

$$\frac{600}{165} = 3^{mc}{,}636\,363.$$

P. 441.   Volume du pilier :

$$0^{mb}{,}81 \times 2{,}66 = 2^{mc}{,}154\,600.$$

Prix de ce pilier :

$$25^f \times 2{,}154\,600 \ldots \ldots \quad 53^f{,}85$$

---

* Ces tranchées n'ont chacune que $10^m{,}50$, parce que les deux premières tranchées les ont diminuées de leur largeur $(0^m{,}75)$ à chaque bout, c'est-à-dire de $1^m{,}50$.

P. 442.   Surface du mur :

$$15^m \times 6 = 90 \text{ mètres carrés.}$$

Nombre de mètres cubes :

$$\frac{90^{mq}}{1,5} = 60 \text{ mètres cubes.}$$

P. 443.   1° 9 *mètres cubes de moellons fourniraient :*

$$9^{m\,c} \times 1,5 = 13^{mq},50.$$

2° *Coût de l'extraction de 9 mèt. cubes de moellons :*

$$0^f,55 \times 9 \ldots\ldots\ldots \qquad 4^f,95$$

P. 444.   Le volume demandé est :

$$\frac{1}{0,4} = 2^{mc},500.$$

P. 445.   Prix de $0^{me},400$ de chaux éteinte :

$$\frac{10,76 \times 4}{10} \ldots\ldots\ldots\ldots\ldots \qquad 4^f,30$$

Prix de $0^{mc},600$ de tuf :

$$\frac{0^f,15 \times 6}{10} \ldots\ldots\ldots\ldots \qquad 0,09$$

Prix du mortier$\ldots\ldots\ldots\ldots\ldots\ldots \qquad 4^f,39$

P. 446. Prix de $0^{mc},400$ de chaux éteinte$\ldots\ldots\ldots \qquad 4^f,30$

Prix de $0^{mc},600$ de sable :

$$\frac{2^f,75 \times 6}{10} \ldots\ldots\ldots\ldots\ldots \qquad 1,65$$

Prix d'un mètre cube de mortier au sable$.. \qquad 5^f,95$

P. 447.   Prix de l'extraction d'un mètre cube de moellons... 0^f,55

Prix de la pose de ce moellon :

$$\frac{2^f \times 5}{10}$$ .... 1 ,00

Prix de 0mo,333 1/3 de mortier :

$$\frac{4^f,39 \times 0,333 \; 1/3}{1\,000}$$ .... 1 ,45

Total........ 3^f,00

Frais et bénéfice :

$$\frac{3^f \times 3}{20}$$ .... 0 ,45

Le coût d'un mètre cube de moellons mis en place est de........................... 3^f,45

NOTA.— Nous supposons ici que le moellon coûte 0^f,55 d'extraction. Mais, si on devait l'acheter tout extrait, il faudrait payer en sus la valeur de ce moellon, qui est de 1 franc le mètre cube. Alors le mètre cube de moellons, mis en place, reviendrait à............. 0^f,55 + 1^f + 1^f,45 + 1^f = 4^f,00

plus à $\dfrac{4^f \times 3}{20}$ .... 0 ,60

et définitivement à.............................. 4 ,60

P. 448.   Volume de la poutre :

$$0^m,30 \times 0,25 \times 7 = 0^{mc},525.$$

Prix de la poutre ;

$$57^f,50 \times 0,525 .... 50^f,20.$$

P. 449.   Volume de 18 pièces de bois :

$$0^m,20 \times 0,30 \times 8,25 \times 18 = 8^{mc},910$$

Volume de 30 pièces de bois :

$$0^m,20 \times 0,20 \times 8,50 \times 30 = 10^{mc},200$$

Cube total...... 19^{mc},110

Valeur de ce bois ;

$$69^f, \times 19,110 .... 1\,318^f,60.$$

---

* Le stère n'est autre chose que le mètre cube : alors à la place du mot stère nous emploierons l'abréviation m. c. (*mètre cube*).

P. 450. 1° Volume de l'entrait :

$$0^m,25 \times 0,33 \times 9,50 \qquad = 0^{mc},783\ 750.$$

2° Volume de 2 arbalétriers :

$$0^m,26 \times 0,30 \times 5 \times 2 \qquad = 0^{mc},780\ 000.$$

3° Volume du faux entrait :

$$0^m,15 \times 0,26 \times 3,80 \qquad = 0^{mc},148\ 200.$$

4° Volume du poinçon :

$$0^m,26 \times 0,26 \times 1,80 \qquad = 0^{mc},121\ 680.$$

5° Volume de 4 contre-fiches :

$$0^m,13 \times 0,15 \times 0,65 \times 4 = 0^{mc},050\ 700.$$

6° Volume de 2 aisseliers :

$$0^m,13 \times 0,15 \times 2,50 \times 2 = 0^{mc},097\ 500.$$

$$\text{Total.......} \quad 1^{mc},981\ 830.$$

Coût de la ferme entière :

$$90^f \times 1,981\ 830............ \quad 178^f,35$$

P. 451. Volume de 28 chevrons :

$$0^{tn},12 \times 0,15 \times 5 \times 28 = 2^{mc},520.$$

Valeur de ces chevrons :

$$65^f \times 2,520.............. \quad 163^f,80$$

P. 452. A $0^f,75$ le décistère, le stère vaut $7^f,50$.

Autant de fois $7^f,50$ sera contenu dans 135 francs,
autant de fois ce particulier dépensera de stères,
soit :

$$\frac{135^f}{7,50} = 18 \text{ stères.}$$

P. 453. Produit de la coupe de bois en stères :

$$32 \times 10 = 320 + 6 = 326 \text{ stères 8 décistères :}$$

Prix de cette coupe :

$$\frac{15^f \times 326,8}{4} .... \quad 1\ 225^f,50$$

P. 454.   Volume de la pile de bois:

$$12^{m} \times 0,90 \times 0,80 = 8^{mc},640.$$

Valeur de ce bois :

$$3^{f},50 \times 8,640 \ldots\ldots\ldots \quad 30^{f},25$$

P. 455.   Surface de la base de la pile de bois :

$$1^{m} \times 0,80 = 0^{mq},80.$$

Hauteur à donner à la pile :

$$\frac{1^{m}}{0,80} = 1^{m},25.$$

P. 456.   Surface latérale de la pile de bois :

$$1^{m} \times 0,80 = 0^{mq},80.$$

Longueur à donner aux bûches :

$$\frac{1^{m}}{0,80} = 1^{m},25.$$

P. 457.   Volume de 72 planches de chêne :

$$2^{m} \times 0,25 \times 0,027 \times 72 = 0^{mc},972.$$

Valeur de ces planches à $6^{f},10 \times 10 = 61$ *fr. le stère :*

$$61^{f} \times 0,972 \ldots\ldots\ldots \quad 59^{f},30$$

P. 458.   Surface de la section du milieu du tronc :

$$1^{m},5708 \times 0,125 = 0^{mq},196350.$$

Volume de la pièce de bois :

$$0^{mq},196\,350 \times 4,25 = 0^{mc},834\,487\,500.$$

Valeur de ce bois :

$$27^{f} \times 0,834\,487\,500 \ldots\ldots \quad 22^{f},55$$

P. 459.   Circonférences extrêmes : $1^{m},20 + 1^{m},40 = 2^{m},60.$

Dixième élevé au carré : $0^{m},26^{2} = 0^{mq},0676.$

Volume de la pièce de bois :

$$0^{mq},0676 \times 4,50 = 0^{mc},304\,200.$$

P. 460. Carré du diamètre de la pièce :

$$0^m,50^2 = 0^{mq},2500.$$

Moitié de ce carré :

$$\frac{0^{mq},2500}{2} = 0^{mq},1250.$$

Plus grand côté de la pièce équarrie :

$$\sqrt{0^{mq},1250} = 0^m,59 \text{ environ.}$$

P. 461. Quart de la circonférence du milieu de l'arbre :

$$\frac{1^m,508}{4} = 0^m,377$$

Volume cherché :

$$0^m,377^2 \times 6^m,25 = 0^{mc},888\,306\,250.$$

P. 462. Pourtour du milieu de la pièce de bois :

$$1^m,57 - \frac{1,57}{5} = 1^m,256.$$

dont le 1/4 est $0^m,314$.

Volume de l'arbre :

$$0^m,314^2 \times 4,25 = 0^{mc},419\,033.$$

Valeur de cet arbre :

$$27^f \times 0,419\,033\ldots\ldots\quad 11^f,30$$

P. 463. Pourtour du milieu de l'arbre :

$$1^m,57 - \frac{1,57}{6} = 1^m,3084.$$

dont le 1/4 est de $0^m,3271$.

Volume de l'arbre :

$$0^m,3271^2 \times 4,25 = 0^{mc},454\,726\,242.$$

Valeur de cet arbre :

$$27^f \times 0,454\,726\,242\ldots\ldots\quad 12^f,30$$

P. 464.   Volume du chambranle :

$$1^m,51 \times 0,33 \times 0,02 = 0^{mc},008\,646$$

»   des deux jambages :

$$0^m,84 \times 0,14 \times 0,02 \times 2 = 0^{mc},004\,704$$

Volume de l'attique :

$$1^m,25 \times 0,14 \times 0,02 = 0^{mc},003\,500$$

Cube total...... $0^{mc},016\,850$

Valeur de cette cheminée :

$$972^f \times 0,016850 \ldots\ldots\ldots\ldots \quad 16^f,40$$

P. 465.   Poids de la pierre dans l'air...... $46^{ks}.000$

»   »   dans l'eau..... $24\ ,783$

»   perdu dans l'eau......... $21^{ks},217$

Le kilogramme d'eau (ici elle est supposée pure) est le poids d'un *décimètre cube;* il s'ensuit que *le volume de la pierre dont il est question est de :*

$$0^{mc},021\,217.$$

P. 466.   Volume du bloc :

Base inférieure...................... 9^{mq}

»   supérieure...................... 4^{mq}

»   intermédiaire $\sqrt{9 \times 4}$. ...... 6^{mq}

Total............ 19^{mq}

Volume : $19^{mq} \times \dfrac{3}{3} = \ldots\ldots\ldots\ldots$ 19^{mc}

Valeur de ce bloc :

$$108^f \times 19 \ldots\ldots\ldots\ldots \quad 2\,052^f.$$

P. 467.   L'épaisseur des murs sera : $\dfrac{8^m}{24} = 0^m,33\,\dfrac{1}{3}$

Volume de deux murs de 8 m. de longueur :

$$8^m \times 0.33\,\frac{1}{3} \times 3 \times 2 = 16^{mc}$$

»   de deux murs de $12^m,66\ 2/3$ de longueur extérieure : $12^m,66\ 2/3 \times 0,33\,\dfrac{1}{3} \times 3 \times 2 = 25^{mc},333333$

Volume total.... $41^{mc},333333$

P. 468. D'après la donnée de ce problème, la maison est élevée sur un rectangle.

Volume de 2 murs de 15^m de longueur :

$$15^m \times 0,70 \times 10 \times 2 = \dots\dots\dots 210^{mc}$$

Volume de 2 murs de $10^m,60$ de longueur :

$$10^m,60 \times 0,65 \times 10 \times 2 = \dots\dots\dots 137^{mc},800$$

Volume de 4 murs de refend :

$$10^m,60 \times 0,45 \times 10 \times 4 = \dots\dots\dots 190^{mc},800$$

$$\text{Cube total.} \dots\dots\dots 538^{mc},600$$

Valeur, à raison de 16 francs le mètre cube :

$$16^f \times 538,600 \dots\dots\dots 8.617^f,60$$

P. 469. Vingt mètres cubes de fumier pèsent :

$$750^{kg} \times 20 = 15\,000 \text{ kilog.}$$

Pour 1 kilog. de fumier il faudrait employer une dose de plâtre de : $\dfrac{10}{2\,500}$

et pour 15 000 kilog, il faudrait une dose de :

$$\frac{10 \times 15\,000}{2\,500} = 60 \ \textit{kilogrammes.}$$

MESURES DE CAPACITÉ OU DE CONTENANCE

P. 470. $2^{lt},25 + 9^{lt},5 + 0^{lt},35 + 0^{lt},8 = 12^{lt},90.$

P. 471. $40^{lt},09 + 63^{lt} + 97^{lt},35 = 200^{lt},44.$

P. 472. $340^{lt} + 505^{lt} + 327^{lt} = 1\,172\,\textit{litres.}$

P. 473. $6\,008^{lt} + 2\,041^{lt} + 5\,432^{lt} = 13\,481\ \textit{litres.}$

P. 474. Produit de cette terre :

$$15^{hl},50 \times 2,30 = 35^{hl},65.$$

Valeur de ce rendement :

$$20^f \times 35,65 \dots\dots\dots 713^f,00.$$

P. 475.   Rendement de cette terre :

$$28^{hl} \times 0,66 = 18^{hl},48.$$

Valeur de cette avoine :

$$9^f \times 18,48\ldots\ldots\ldots\ldots \quad 166^f,30$$

P. 476.   Surface de la terre :

$$40^m \times 36 = 0^{ha},1440.$$

Rendement :

$$16^{hl} \times 0,1440 = 2^{hl},30.$$

Valeur de ce seigle :

$$12^f \times 2,30\ldots\ldots\ldots\ldots \quad 27^f,60$$

P. 477.   *Rendement de ce terrain :*

$$60^{hl} \times 0,40 = 24 \text{ hectolitres.}$$

P. 478.   Rendement de cette terre :

$$14^{hl} \times 0,8030 = 11^{hl},25.$$

Valeur de cette récolte :

$$8^f \times 11,25\ldots\ldots\ldots\ldots \quad 90^f,00$$

P. 479.   Surface de la terre :

$$42^m,50 \times 36,25 = 0^{ha},1540.$$

Rendement en haricots :

$$25^{hl} \times 0,1540 = 3^{hl},85.$$

Valeur de ces haricots :

$$20^f \times 3,85\ldots\ldots\ldots\ldots \quad 77^f,00$$

P. 480.   Surface de ce terrain :

$$75^m \times 65 = 0^{ha},4875.$$

Rendement :

$$15^{hl} \times 0,4875 = 7^{hl},31.$$

P. 481.   Un kilolitre contient, savoir :

Eau.	$0^{lt},754 \times 1\ 000 =$	754 litres.
Sucre.	$0^{lt},240 \times 1\ 000 =$	240 »
Acide.	$0^{lt},006 \times 1\ 000 =$	6 »
	Total.	1 000 litres.

P. 482.   La valeur de la barrique est le 1/5 de celle de l'eau-de-vie, par conséquent,

à 325^f la barr. d'eau-de-vie, la barr. de vin vaut: $\dfrac{325}{5} = 65^f$

à 300^f »   »   »   » $\dfrac{300}{5} = 60^f$

à 250^f »   »   »   » $\dfrac{250}{5} = 50^f$

P. 483.   Quantité d'alcool pur contenue dans 75 litres d'eau-de-vie,

à 40 degrés : $\dfrac{75 \times 40}{100} = 30$ *litres.*

à 50   » $\dfrac{75 \times 50}{100} = 37^{lt},50.$

à 55   » $\dfrac{75 \times 55}{100} = 41^{lt},25.$

P. 484.   Alcool pur contenu dans cette eau-de-vie :

$$\dfrac{75^{lit} \times 50}{100} = 37^{lit},50 \text{ ou } 38 \textit{ litres}^* \text{ d'alcool.}$$

Droits de régie : 90^f $\times$ 38............. 34^f,20
Congé**...............................   0 ,20
                       Total............... 34^f,40

P. 485.   Alcool contenu dans le premier baril :

$$55^{lt} \times 40 = 22 \textit{ litres.}$$

Alcool contenu dans le 2e baril :

$$55^{lt} \times 44 = 24^{lt},20.$$

Alcool contenu dans le 3e baril :

$$55^{lt} \times 52 = 28^{lt},60.$$

Quantité d'alcool pur........   74^{lt},80 soit 75 *litres.*

---

* On néglige les fractions au-dessous de 50 *centilitres* et on considère comme *un litre* les fractions de 50 centilitres et au-dessus, lorsqu'il s'agit de calculer les droits de régie.

** On appelle congé une déclaration d'enlèvement de boissons qui doit accompagner ces boissons, quand elles sont expédiées à une personne *non débitante.*

Droit principal : $\dfrac{75^f \times 75}{100}$ .... $56^f,25$

A déduire 3 %, sur $56^f,25$:

$$\dfrac{56^f,25 \times 3}{100}$$ ...., $1,69$

Reste .... $54^f,56$

Double décime calculé sur $54^f,56$ *

$$\dfrac{54^f,56 \times 2}{10}$$ .... $10,92$

Droit définitif à payer ....,.,....... $65^f,48$

P. 486.   Alcool pur contenu dans le baril :

$$\dfrac{95^{lt} \times 86}{100} = 81^{lt},70 \text{ ou } 82 \text{ } litres.$$

Droits de régie :

$$\dfrac{90^f \times 82}{100}$$ .... $73^f,80$

Congé .... $0,20$

Coût de l'esprit :

$$\dfrac{60^f \times 95}{100}$$ .... $57,00$

Ce baril revient au propriétaire d .... $131^f,00$

P. 487.   Alcool pur contenu dans 56 litres d'esprit :

$$\dfrac{56^{lt} \times 90}{100} = 32^{lt},40 = 32 \text{ litres.}$$

Droits de régie : $\dfrac{90^f \times 32}{100}$ .... $28^f,80$

Timbre .... $0,10$

Total des droits .... $28^f,90$

---

* Chaque fois que le *chiffre des millimes* est exprimé par un chiffre significatif, on augmente, dans le calcul du décime, le chiffre des centimes d'une *unité* ; ensuite, on double le décime ainsi obtenu. Dans ce problème, le décime de 54f,56 est 5f,46, et le double décime, 10f,92.

P. 488.   Contenance des cruchons : $1^{lt},25 \times 15 = 18^{lt},75$

Alcool pur :

$$\frac{18^{lt},75 \times 52}{100} = 9^{lt},75 = 10 \; litres.$$

Droits de régie :

$$\frac{90^f \times 10}{100} \quad \dots\dots\dots\dots\dots\dots\dots \quad 9^f,00$$

Congé $\dots\dots\dots\dots\dots\dots\dots\dots\dots\dots\dots\dots\dots$ 0 ,20

Total des droits........   9^f,20

P. 489.   Contenance de 75 bouteilles :

$$0^{lt},95 \times 75 = 71^{lt},25.$$

Alcool pur :

$$\frac{71^{lt},25 \times 51}{100} = 36^{lt},34 = 36 \; litres.$$

Droits de régie :

$$\frac{90^f \times 36}{100} \quad \dots\dots\dots\dots\dots\dots \quad 32^f,40$$

Congé $\dots\dots\dots\dots\dots\dots\dots\dots\dots\dots\dots\dots$ 0 ,20

Total des droits à payer......   32^f,60

P. 490.   Contenance de 35 bouteilles :

$$0^{lt},90 \times 35 = 31^{lt},50.$$

Alcool pur :

$$\frac{31^{lt},50 \times 53}{100} = 16^{lt},70 = 17 \; litres.$$

Droits de régie :

$$\frac{90^f, \times 17}{100} \quad \dots\dots\dots\dots\dots\dots \quad 15^f,30$$

Congé $\dots\dots\dots\dots\dots\dots\dots\dots\dots\dots\dots\dots\dots$ 0 ,20

Total................   15^f,50

P. 491.   Alcool pur contenu dans 36 litres :

$$\frac{36^{lt} \times 60}{100} = 21^{lt},60 = 22 \ \textit{litres.}$$

Bouteilles de liqueur........   <u>44</u>   »

Ensemble........   66 litres.

Droits de régie :

$$\frac{90^f \times 66}{100} \dots\dots\dots\dots\dots\dots\dots\dots \quad 59^f,40$$

Congé............................   0 ,20

Total...............   59^f,60

NOTA. — Si ces droits avaient été payés par un débitant exercé, ils se seraient calculés de la manière suivante :

Droits de régie à 75 fr. par hectolitre :

$$\frac{75^f \times 66}{100} = \dots\dots \quad 49^f,50$$

Déduction de 3 $^o/_o$:

$$\frac{3^f \times 49,50}{100} = \dots\dots \quad 1^f,49$$

Reste.........   48^f,01

Double décime :

$$\frac{48^f,10 \times 2}{10} = \dots\dots \quad 9^f,62$$

Droits définitifs...................   57^f,63
Quittance........................   0 ,10

Total........   57^f,73

P. 492.   Congé déduit, les droits payés s'élèvent à 19^f,80
Litres d'alcool :

$$\frac{19^f,80}{0,90} = 22 \ \text{litres.}$$

Degré de l'eau-de-vie :

$$\frac{22^{lt} \times 100}{50} = 44 \ \textit{degrés.}$$

P. 493.   Valeur de 120 litres d'eau-de-vie à $1^f,15$ le litre.
$$1^f,15 \times 120 = 138 \text{ fr.}$$

Deux pour cent pour 3 degrés :
$$\frac{138^f \times 2 \times 3}{100} = \dots \quad 8^f,28.$$

1° *Valeur définitive de cette eau-de-vie* $146^f,28.$

Alcool pur contenu dans 120 litres :
$$\frac{120^{lt} \times 53}{100} = 63^{lt},60 = 64 \text{ } \textit{litres.}$$

Droits de régie :
$$\frac{90^f \times 64}{100} \dots \dots \dots \dots \quad 57^f,60$$

Congé $\dots \dots \dots \dots \dots \dots \dots \dots \dots \quad 0 ,20$

2° *Total des droits de régie* $\dots \dots \quad 57^f,80$

NOTA. — A moins d'indications contraires, les esprits et les vins sont expédiés pour le compte de personnes non débitantes.

P. 494.   Prix de vente d'une barrique de vin à $0^f,20$ le litre :
$$0^f,20 \times 200 \dots \dots \dots \quad 40^f,00$$

Prix de vente d'une barrique à $0^f,30$ le litre :
$$0^f,30 \times 200. \, ; \dots \dots \quad 60 ,00$$

Prix de vente d'une barrique à $0^f,40$ le litre :
$$0^f,40 \times 200 \dots \dots \dots \quad 80 ,00$$

Prix de vente d'une barrique à $0^f,50$ le litre :
$$0^f,50 \times 200 \dots \dots \dots \quad 100 ,00$$

Total $\dots \dots \dots \dots \dots \dots \dots \quad 280^f,00$

Droits de 15 % :
$$\frac{15 \times 280}{100} = 42^f,00$$

Moins 3 % de 42 fr. ;
$$\frac{3 \times 42}{100} = 1 ,26$$

Reste $\dots \dots \dots \quad 40^f,74$

Double décime :
$$\frac{40,74 \times 2}{10} = 8 ,16$$

On payera donc à la régie $\dots \quad 48^f,90$

P. 495.

PRIX du litre.	VALEUR de la barrique.	DROIT de 15 pour 100.	DÉDUCTION du 3 pour 100.	RESTE.	DOUBLE décime.	SOMME NETTE à payer.
fr.	fr.	fr.	fr.	fr.	fr.	fr.
0,15	30	4,50	0,135	4,365	0,88	5,25
0,20	40	6,00	0,18	5,82	1,18	7,00
0,25	50	7,50	0,225	7,275	1,46	8,74
0,30	60	9,00	0,27	8,73	1,76	10,49
0,35	70	10,50	0,315	10,185	2,04	12,23
0,40	80	12,00	0,36	11,64	2,34	13,98
0,45	90	13,50	0,405	13,095	2,62	15,72
0,50	100	15,00	0,45	14,55	2,92	17,47

P. 496.   *Droit de circulation* * : $0^f,60 \times 2,28$ ...... $1^f,57$

     Double décime : $\dfrac{1^f,37 \times 2}{10}$ .... $0,28$

     Congé .... $0,20$

             Total .... $1^f,85$

P. 497.   *Droit de circulation* : $1^f,20 \times 36,50$ ...... $43^f,80$

     Double décime : $\dfrac{43.80 \times 2}{10}$ .... $8,76$

     Congé .... $0,20$

             Total .... $52^f,76$

P. 498.   Quantité expédiée :

     $210^{lt} \times 10 = 2\,100$ litres ou 21^{hl}.

     Droit de circulation : $1^f \times 21$ .... $21^f,00$

     Double décime : $\dfrac{21^f \times 2}{10}$ .... $4,20$

     Congé .... $0,20$

             Total .... $25^f,40$

---

* Le consommateur peut mettre en circulation moins de 25 litres ; la restriction de ce problème s'applique seulement aux marchands en gros et débitants. Voy. le problème 505.

P. 499. Quantité expédiée : $2^{hl},05 \times 4 = 8^{hl},20$.

Droit de circulation :

$$0^{f},50 \times 8,20 \dots\dots\dots\dots \quad 4^{f},10$$

Double décime :

$$\frac{4^{f},10 \times 2}{10} \dots\dots\dots\dots\dots \quad 0,82$$

Congé 0,20

    Total.................. $5^{f},12$

P. 500. *Droit de circulation :*

$$0^{f},80 \times 6,60 \dots\dots\dots\dots \quad 5^{f},28$$

Double décime :

$$\frac{5^{f},28 \times 2}{10} \dots\dots\dots\dots\dots \quad 1,06$$

Congé 0,20

    Total.................. $6^{f},54$

P. 501. *Droit de circulation :*

$$0^{f},80 \times 12,50 \dots\dots\dots\dots \quad 10^{f},00$$

Double décime :

$$\frac{10^{f} \times 2}{10} \dots\dots\dots\dots\dots \quad 2,00$$

Congé 0,20

    Total.................. $12^{f},20$

P. 502.

	PRINCIPAL.	DOUBLE DÉCIME.	TOTAL.
P. 496.....	$1^{f},37$	$0^{f},28$	$1^{f},65$
497.....	43 ,80	8 ,76	52 ,56
498.....	21 ,00	4 ,20	25 ,20
499.....	4 ,10	0 ,82	4 ,92
500.....	5 ,28	1 ,06	6 ,34
501.....	10 ,00	2 ,00	12 ,00
	$85^{f},55$	$17^{f},12$	$102^{f},67$

P. 503.   Droit de circulation : $0^f,80 \times 0,45$...... $0^f,36$

Double décime :

$$\frac{0^f,36 \times 2}{10} \dots \dots \dots \quad 0,08$$

Congé............................... $0,10^*$

Total............... $0^f,54$

P. 504.

DÉPARTEMENTS.	PRINCIPAL.	DOUBLE DÉCIME.	CONGÉ.	TOTAL.
Aube.........	$0^f,27$	$0^f,06$	$0^f,10^*$	$0^f,43$
Corrèze......	$0,36$	$0,08$	$0,10^*$	$0,54$
Aisne	$0,45$	$0,10$	$0,20$	$0,75$
Pas-de-Calais.	$0,54$	$0,12$	$0,20$	$0,86$
	$1^f,62$	$0^f,36$	$0^f,60$	$2^f,58$

P. 505.   Valeur de 23 litres de vin :

$$0^f,30 \times 23 = 6^f,90.$$

Droit de 15 %:

$$\frac{15^f \times 6,90}{100} \dots \dots \dots \quad 1^f,04$$

Double décime :

$$\frac{1^f,04 \times 2}{10} \dots \dots \dots \quad 0,22$$

Total............... $1^f,26$

P. 506.   Prix de 100 kilog. de raisin............ $20^f,00$

»   de   25 kilog. de cannes sorgho...... $0,75$

Total............... $20^f,75$

Prix d'un hectolitre de vin sorgho :

$$20^f,75 \times 2 \dots \dots \dots \quad 41^f,50$$

---

* Lorsque le droit principal et le double décime donnent une somme inférieure à 0f,50, le congé est de 0f,10 seulement.

P. 507. Prix de 15 litres de seigle :

$$\frac{12^{f} \times 15}{100} \dots \dots \dots \quad 1^{f},80$$

Prix de 500 grammes de levure de bière :

$$0^{f},80 \times 0,500 \dots \dots \quad 0,40$$

1° *Coût de cette bière* $\dots \dots \dots \dots \quad 2^{f},20$

2° *Coût du litre :*

$$\frac{2^{f},20}{100} \dots \dots \dots \dots \quad 0^{f},022$$

P. 508. 250 grammes de houblon $\dots \dots \dots \dots \quad 0^{f},75$

   3 kilogrammes de mélasse $\dots \dots \dots \quad 2,10$

150 grammes de levure de bière $\dots \dots \quad 0,12$

              Total $\dots \dots \dots \dots \quad 2^{f},97$

Prix d'un litre :

$$\frac{2^{f},97}{100} \dots \dots \dots \dots \quad 0^{f},03$$

P. 509. $0^{kg},500$ de houblon $\dots \dots \dots \dots \quad 1^{f},50$

$2^{kg},500$ de cassonade blonde $\dots \dots \dots \quad 3,50$

0 ,150 de levure de bière $\dots \dots \dots \quad 0,12$

0 ,075 de caramel $\dots \dots \dots \dots \quad 0,15$

      Prix de 100 litres de mélange $\dots \quad 5^{f},27$

Prix d'un litre :

$$\frac{5^{f},27}{100} \dots \dots \dots \dots \quad 0^{f},053$$

P. 510. Poids de 1 000 kilog. de farine et de 617 litres d'eau
(le litre d'eau est supposé peser 1 kilog. seule-
ment) $\dots \dots \dots \dots \dots \dots \quad 1\ 617^{kg}$

Poids du pain $\dots \dots \dots \dots \dots \quad 1\ 373$ »

Eau perdue pendant la cuisson $\dots \dots \quad 244^{kg}$
ou 244 *litres d'eau.*

Rendement de 100 kilog. de farine, d'après
la donnée ci-dessus $\dots \dots \dots \dots \quad 137^{kg},300$

Rendement de 100 kg., suivant le p. 554 $\quad 130\ ,000$

Différence en faveur du 1er *rendement* $\dots \quad 7^{kg},300$

P. 511. Farine fournie par 1 hectol. de blé (p. 555) :

$$\frac{75^{ks} \times 75}{100} \dots\dots\dots \quad 56^{ks},250$$

1° *Eau absorbée par* 56^{ks},250 *de farine :*

$$\frac{617^{ks} \times 56,250}{1\,000} \dots\dots\dots \quad 34^{ks},706 \text{ ou litres}$$

2° *Eau absorbée par* 1 *kilog. de farine :*

$$\frac{617^{lt}}{1\,000} \dots\dots\dots\dots \quad 0^{lt},617$$

P. 512. Si pour 0^{ks},0594 de fromage il faut un litre de lait, pour 1 kilog. de fromage, il faudra :

$$\frac{1 \times 1}{0,0594} = 16^{lt},83$$

P. 513. Nombre de litres de lait pour fournir 1^{ks},170 de fromage :

$$\frac{1^{ks},170}{0,0594} = 19^{lt},69$$

P. 514. 1° Coût de 15 hectolitres de chaux vive :

$$2^{f},10 \times 15 \dots\dots\dots \quad 31^{f},50$$

2° Coût de 125 hectolitres de chaux :

$$2^{f},10 \times 125 \dots\dots\dots \quad 262^{f},50$$

P. 515. Rendement d'un hectare planté en betteraves :

$$2\,200^{ks} \times 24 = 52\,800 \text{ kg.}$$

Valeur de 24 hectolitres d'alcool :

$$96^{f} \times 24 \dots\dots\dots\dots \quad 2\,304 \text{ fr.}$$

P. 516. Prix d'un litre d'huile :

$$\frac{95^{f}}{100} = 0^{f},95$$

On a reçu :

$$\frac{144^{f},40}{0,95} \dots\dots\dots\dots \quad 152 \text{ *litres*.}$$

P. 517. 1° Rendement par are de pommes de terre jaunes :

$$\frac{52}{30} \dots\dots\dots\dots\dots\dots \quad 1^{hl},73$$

Rendement par are de la pomme de terre chardon :

$$\frac{24}{8} \dots\dots\dots\dots\dots\dots \quad 3\ ,00$$

Différence de rendement par are en faveur de la pomme de terre chardon............ $1^{hl},27$

Différence de rendement par hectare.... $127^{hl},00$

2° Quantité de tubercules de pommes de terre jaunes à employer pour l'ensemencement d'un are :

$$\frac{4^{hl},80}{30} \dots\dots\dots\dots\dots\dots \quad 16\ \text{litres}$$

Quantité de tubercules de pommes de terre chardon pour la même étendue de terrain :

$$\frac{0^{hl},70}{8} \dots\dots\dots\dots\dots\dots \quad 8^{lit},75$$

Économie réalisée par are sur la semence en employant exclusivement la pomme de terre chardon .... $7^{lt},25$

Économie par hectare................ $7^{hl},25$

P. 518. Surface du terrain :

$$180^m \times 120 = 21\ 600^{mq}, \text{ ou } 216 \text{ ares.}$$

Quantité de tubercules :

$$16^{lt} \times 216\dots\dots\dots\dots \quad 34^{hl},56$$

P. 519. 1° Dédoublage : $100 + 84 = 184$ litres.

Prix d'un hectolitre de dédoublage :

$$\frac{64^f,40 \times 100}{184} \dots\dots\dots\dots \quad 35^f,00$$

2° Dédoublage : $100 + 84 = 184$ litres.

Prix d'un hectolitre de dédoublage :

$$\frac{51^f,52 \times 100}{184} \dots\dots\dots\dots \quad 28^f,00$$

P. 520. Dédoublage : $100 + 84 = 184$ litres.

Prix de l'hectolitre de dédoublage :

$$\frac{73^f,60 \times 100}{184} \dotfill 40^f,00$$

P. 521. Dédoublage : $100 + 73 = 173$ litres.

1° Prix de l'hectolitre de dédoublage :

$$\frac{83^f,04 \times 100}{173} \dotfill 48^f,00$$

2° Pour gagner $5^f,19$ sur ce dédoublage, le marchand vendra le litre :

$$\frac{88^f,23}{173} \dotfill 0^f,51$$

P. 522. Prix d'un hectolitre de cette eau-de-vie :

$$\frac{88,23 \times 100}{173} \dotfill 51^f,00$$

Droits de régie à 75 fr. par hectolitre d'alcool :

$$\frac{100^{lt} \times 50 \times 0,75}{100} \dotfill 37^f,50$$

Déduction du $3^o/_o$:

$$\frac{37^f,58 \times 3}{100} = \dotfill 1^f,13$$

Reste $\dotfill 36^f,37$

Double décime :

$$\frac{36,37 \times 2}{10} \dotfill 7^f,28$$

Somme nette due à la régie $\dots$ $45^f,65$ ci $45^f,65$

Coût d'un hectolitre $\dotfill 94^f,65$

Le marchand vendant l'hectolitre 125 fr., gagne par hectolitre 125 fr. — 94,65 $\dots$ $30^f,35$

P. 523. Prix du dédoublage $\dotfill 60^f,00$

1° Droits de régie :

$$\frac{120^{lt} \times 50 \times 0,90}{100} \dotfill 54^f,00$$

Congé $\dotfill 0^f,20$

2° Le mélange reviendrait au propriétaire à $114^f,20$

P. 524.   Surface du fond de la cuve :

$$3,1416 \times 0,96^2 = 2^{mq},89\,52\,98\,56$$

Surface de la section horizontale
de l'ouverture :

$$3,1416 \times 0,83^2 = 2^{mq},16\,42\,48\,24$$

Moyenne proportionnelle :

$$\sqrt{2,8952\,9856 \times 2,1642\,4824} = 2^{mq},50\,32\,26\,88$$

$$\text{Total......} \quad 7^{mq},56\,27\,73\,68$$

Volume de la cuve :

$$7^{mq},56\,27\,73\,68 \times \frac{1,89}{3} = 4^{mc},764\,547\,418.$$

On a payé à l'ouvrier :

$$7^f,50 \times 4,764\,547\,418.......... \quad 35^f,80$$

MESURES DE PESANTEUR

P. 525.   Total de ces nombres :

$$15^{gr} + 95 + 835 + 617 = 1\,562 \text{ ou } 1^{kg},562$$

P. 526.   Les quantités réduites en grammes donnent :

Pour la 1re pièce..... 835^{gr}

— 2e pièce.....   940

— 3e pièce.....   790

— 4e pièce.....   635

soit pour les 4 pièces........ $3\,200^{gr}$ ou $3^{kg},200$

P. 527.   Poids du bloc.......... $1\,225^{kg},000$

»   d'une partie........ $625\,,525$

»   de l'autre partie.... $599^{kg},475$

P. 528. Poids de 8 hectol. de chaux $90^{kg} \times 8 = 720$ kilogr.
  » de 15 » $90 \times 15 = 1\,350$ »
  » de 17 » $90 \times 17 = 1\,530$ »

Poids total . . . . $3\,600$ kilogr.

P. 529. Poids de 10 pièces de 5 fr. . $25^{gr} \times 10 = 250$ gram.
  » de 100 » $25^{gr} \times 100 = 2^{kg},500.$

P. 530. Nombre de décagram. dans 1 kilogr. ou 1 000 gram. :
$$\frac{1\,000}{10} = 100 \text{ décagrammes.}$$

  » de décigrammes :
$$1\,000 \times 10 = 10\,000 \text{ décigrammes.}$$

P. 531. Poids de la cargaison en tonneaux de mer :
$$\frac{45\,000^{kg}}{1\,000} = 45 \text{ tonneaux.}$$

  » en quintaux métriques :
$$\frac{45\,000^{kg}}{100} = 450 \text{ quintaux.}$$

P. 532. A 10 fr. le quintal métrique, le tonneau de mer vaut :
$$10^f \times 10 = 100 \text{ francs.}$$

P. 533. A 10^f le kilogr., un hectogramme vaut $\dfrac{10^f}{10} = 1^f,00$

  » un décagramme » $\dfrac{10^f}{100} = 0^f,1$

  » un gramme » $\dfrac{10^f}{1\,000} = 0^f,01$

P. 534. Cube du bassin :
$$1^m,50 \times 1 \times 0,80 = 1^{mc},200 \text{ ou}$$
$$1\,200 \text{ décimètres cubes.}$$

Le décimètre cube pèse. 1 kilogr.
1 200 pèsent . . . . 1 200 » *poids demandé.*

P. 555.   A 3ᶠ le gram., un décigramme vaut $\dfrac{3^f}{10}=0^f,3$

»   un centigram.   » $\dfrac{3^f}{100}=0^f,03$

»   un milligram.   » $\dfrac{3^f}{1\,000}=0^f,003$

P. 556.   Quantité de jus rendue par 525 kg. de tiges de sorgho :
$$\frac{525 \times 65}{100} = 341^{kg},25.$$

P. 557.   Valeur de $149^{kg},625$ de bougie :
$$\frac{250^f \times 149,625}{100} \dots\dots\dots\dots\dots 374^f,05$$

Nombre de paquets :
$$\frac{149^{kg},625}{0\ \ ,475} = 315 \text{ paquets.}$$

»   de bougies :
$$5 \times 315 = 1\,575 \text{ bougies.}$$

Prix des bougies :
$$0^f25 \times 1\,575\dots\dots\dots\dots 393^f,75$$

Reste pour bénéfice$\dots\dots\dots\dots 19^f,70$

P. 558.   Fer forgé pour gonds...... $12^{kg},500.$
»   »   pentures...   23 ,100.
Boulons................   16 ,200.

Total.......... $51^{kg},800.$

Somme reçue par le serrurier :
$$1^f \times 51,800\dots\dots\dots\dots 51^f,80$$

P. 559.   Poids du vin :
$$0^{kg},9\,927 \times 200 = 198^{kg},540.$$

P. 540.   Poids d'un hectolitre d'alcool :
$$0^{kg},792 \times 100 = 79^{kg},200.$$

P. 541.   Si 792 gram. (p. 540) d'alcool valent 3^f,96

$$1 \text{ gram.} \qquad » \qquad \text{vaut} \quad \frac{3^f,96}{792}$$

$$\text{et } 1\,000 \text{ gram.} \qquad » \qquad \text{valent} \frac{3^f,96 \times 1\,000}{792} = 5^f$$

P. 542.   Si 7 décilitres de miel pèsent 1 000 grammes,

$$1 \qquad » \qquad » \qquad \text{pèse} \quad \frac{1\,000}{7} = 143 \text{ gr.}$$

$$\text{et } 10 \text{ décilit. } (1^{\text{lit}}) \text{ » } \qquad \text{pèsent } \frac{1\,000 \times 10}{7} = 1^{\text{kg}},4285.$$

P. 543.   Poids du jus produit par 2 525 kilogrammes de tiges
de sorgho :

$$\frac{2\,525 \times 65}{100} = 1\,641^{\text{kg}},250$$

P. 544.   Poids du sucre fourni par 80 kilogrammes de jus :

$$\frac{80 \times 12,5}{100} = 10 \text{ kilogrammes.}$$

P. 545.   Jus produit par 40 000 kilogram. de tiges de sorgho.

$$\frac{40\,000 \times 65}{100} = 26\,000 \text{ kilogrammes.}$$

Sucre produit par ce jus :

$$\frac{26\,000 \times 12,50}{100} = 3\,250 \text{ kilogrammes.}$$

P. 546.   Alcool rendu par 26 000 kilogram. de jus (p. 545).

$$\frac{26\,000 \times 8}{100} = 2\,080 \text{ kilogrammes.}$$

Litres fournis par cet alcool :

$$\frac{2\,080}{0,792} = 2\,626 \text{ *litres.*}$$

P. 547. Valeur du sucre donné par 40 000 de tiges de sorgho (p. 545) :

$$1^f,10 \times 3\,250 \dots\dots\dots \quad 3\,575^f,00.$$

Valeur de l'alcool fourni par la même
quantité de tiges (p. 546) :

$$1^f,30 \times 2\,626 \dots\dots\dots \quad 3\,413^f,80.$$

$$\text{Différence} \dots\dots\dots \quad 161^f,20$$

acquise au sucre; il vaudrait donc mieux convertir
ces tiges en sucre qu'en alcool.

P. 548. Quantité d'alcool produite par $92^{kg},500$ de topinambours :

$$\frac{92,500 \times 7}{100} = 6^{kg},475.$$

P. 549. Alcool produit par 25 000 kg. de topinambours :

$$\frac{25\,000 \times 7}{100} = 1\,750 \text{ kilogrammes.}$$

Litres équivalents à ce poids :

$$\frac{1750}{0,792} = 2\,209^{lit},50.$$

Valeur de $2\,209^{lit},50$:

$$1^f,30 \times 2\,209,50 \dots\dots \quad 2\,872^f,35.$$

P. 550. Fécule rendue par 65 kg. de pommes de terre :

$$\frac{65 \times 20}{100} = 13 \text{ kilogrammes.}$$

Valeur de cette fécule :

$$0^f,30 \times 13 \dots\dots\dots\dots \quad 3^f,90.$$

P. 551. Rendement dans 40 ares de pommes de terre jaunes :

$$1^{hl},73 \times 40 = 69^{hl},20.$$

Rendement dans 40 ares de pommes de terre chardon :

$$3^{hl} \times 40 = 120^{hl}.$$

Poids des pommes de terre jaunes :

$$65 \times 69,20 = 4\,498 \text{ kilogrammes.}$$

Poids des pommes de terre chardon :

$$65 \times 120 = 7\,800 \text{ kilogrammes.}$$

5

Fécule rendue par les pommes de terre jaunes :

$$\frac{4\,498 \times 20}{100} = 899^{kg},600.$$

Fécule rendue par les pommes de terre chardon :

$$\frac{7\,800 \times 17}{100} = 1\,326 \text{ kilogrammes.}$$

Valeur de la fécule des pommes de terre chardon :

$$0^f,30 \times 1\,326 \ldots\ldots\ldots\ldots \quad 397^f,80.$$

Valeur de la fécule des pommes de terre jaunes :

$$0^f,30 \times 899,600 \ldots\ldots\ldots \quad 269\,,90.$$

Différence acquise à la pomme de terre chardon ..:............................ $127^f,90.$

P. 552.   Fécule fournie par un hectolitre de pommes de terre patraques :

$$\frac{65 \times 29}{100} = 18^{kg},850$$

Valeur de cette fécule :

$$0^f,30 \times 18,850 \ldots\ldots\ldots \quad 5^f,65.$$

P. 553.   Poids de la farine :

$$\frac{75 \times 75}{100} \ldots\ldots\ldots\ldots\ldots \quad 56^{kg},25.$$

Poids des issues :

$$\frac{75 \times 22}{100} \ldots\ldots\ldots\ldots\ldots \quad 16\,,50.$$

Poids du déchet :

$$\frac{75 \times 3}{100} \ldots\ldots\ldots\ldots\ldots \quad 2\,,25.$$

$$\text{Total} \ldots\ldots\ldots\ldots \quad 75^{kg},00.$$

P. 554.   Farine rendue par 75^{kg} de grains (p. 553) $56^{kg},25.$

Pain fourni par cette farine :

$$\frac{130 \times 56,25}{100} \ldots\ldots\ldots\ldots \quad 73^{kg},125.$$

P. 555. Bénéfice et frais de manutention pour 75 kg. 3 fr.

Prix total de 75^{kg} de grains panifiés à 20^f l'hectol. 23 «

» » » à 25^f » 28 «

» » » à 30^f » 33 «

1° Prix du kilogr. de pain de 1re qualité (p. 554) .

à 20 fr. l'hectol. $\dfrac{23}{75,125}$ ·············· 0^f,315.

Prix du kilogramme de pain de 2e qualité,

0^f,315 — $\dfrac{0,315}{6}$ ················ 0^f,262.

Prix du kilogramme de pain de 3e qualité,

0^f,262 — $\dfrac{0,262}{6}$ ··············· 0^f,218.

2° Prix du kilogramme de pain de 1re qualité,

25 fr. l'hectol. $\dfrac{28}{75,125}$ ·············· 0^f,382.

Prix du kilogramme de pain de 2e qualité,

0^f,382 — $\dfrac{0,382}{6}$ ················ 0^f,32.

Prix du kilogramme de pain de 3e qualité,

0^f,32 — $\dfrac{0,32}{6}$ ················ 0^f,27.

3° Prix du kilogramme de pain de 1re qualité,

30 fr. l'hectol. $\dfrac{33}{75,125}$ ·············· 0^f,45.

Prix du kilogramme de pain de 2e qualité,

0^f,45 — $\dfrac{0,45}{6}$ ················ 0^{f}375.

Prix du kilogramme de pain de 3e qualité,

0^f,375 — $\dfrac{0^f,375}{6}$ ················ 0^f,313.

P. 556. 1° Bénéfice attribué au boulanger........ 3^f,00.

Son : 16^{kg},500 (p. 553) à 10 francs le quintal métrique, 0^f,10 × 16,500............ 1 ,65.

Bénéfice total............ 4^f,65.

2° Bénéfice attribué au boulanger...... ...... $3^f,00.$
Son: $16^{kg},500,$ à 12^f les $100\,k^{os},$ $0^f,12 \times 16,500.$ $1\ ,98.$

Bénéfice total............. $4^f,98.$

3° Bénéfice attribué au boulanger............. $3^f,000.$
Son: $16^{kg},500,$ à 15^f les $100^{kos},$ $0^f,15 \times 16,500.$ $2\ ,475.$

Bénéfice total............. $5^f,475.$

P. 557.   En cuisant son pain soi-même, on économiserait 3 fr., c'est-à-dire la somme attribuée au boulanger.

P. 558.   Dépense de cette famille..... $3^{hl} \times 5 = 15$ hectolitres.
Pris chez le boulanger, le pain lui coûterait :

$$20 + 3 = 23 \times 15........   \text{345 fr.}$$

Panifié par elle-même, le pain lui coûte-

rait.............. $20 \times 15........$ 300   «

Elle économiserait........   45 fr.

P. 559.   Poids du beurre contenu dans un litre de lait :

$$\frac{1,320 \times 4,1}{100} ...... \quad 0^{kg},05412.$$

Poids du fromage contenu dans un litre de lait :

$$\frac{1,320 \times 4,5}{100} ...... \quad 0\ ,05940.$$

Poids du sucre de lait contenu dans 1 lit. de lait :

$$\frac{1,320 \times 3,8}{100} ...... \quad 0\ ,05016.$$

Poids de l'eau et des sels cont. dans 1 lit. de lait :

$$\frac{1,320 \times 87,6}{100} ...... \quad 1\ ,15632.$$

Poids total........ $1^{kg},32000.$

P. 560.   Produit du lait en un mois : $8^{lit} \times 30 = 240$ litres.
»   en fromage (p. 559) :

$$0^{kg},0594 \times 240 = 14^{kg},256.$$

Valeur de ce fromage : $1^f,20 \times 14,256....$ $17^f,10.$

P. 561. Poids d'un hectolitre de lait :

$$1^{kg},520\times100=132 \text{ kilogrammes.}$$

P. 562. Produit du lait en 365 jours :

$$8^{lt}\times365=2\,920 \text{ litres.}$$

Beurre rendu par 2 920 litres de lait :

$$\frac{2\,920}{23,5}=124^{kg},255.$$

Valeur de ce beurre :

$$2^{f},50\times124,255\ldots\ldots\quad 310^{f},65.$$

P. 563. Les noix rendent... .... $\dfrac{100\times50}{100}=50$ kilogr.

L'œillette rend............. $\dfrac{100\times48}{100}=48$ »

Les amandes douces rendent.. $\dfrac{100\times46}{100}=46$ »

Les graines de colza rendent... $\dfrac{100\times39}{100}=39$ »

La navette rend............. $\dfrac{100\times33}{100}=33$ »

Le lin rend................. $\dfrac{100\times25}{100}=25$ »

La faîne rend............... $\dfrac{100\times14}{100}=14$ »

Le chénevis rend........... $\dfrac{100\times15}{100}=15$ »

P. 564. Si 1 000 gram. d'huile valent $1^{f},20$

1 gram.   »   vaut $\dfrac{1,20}{1\,000}$

et 875 gram.   »   valent $\dfrac{1,20\times875}{1\,000}\ldots\quad 1^{f}05.$

Le litre valant $1^{f},05$, 100 litres valent :

$$1^{f},05\times100\ldots\ldots\quad 105^{f},00.$$

P. 565. La densité demandée est.......... $\dfrac{91^{kg},9}{100} = 0,919.$

P. 566. Si 1 000 gram. d'huile valent 1^f,35

4 gram. » vaut $\dfrac{1,35}{1\,000}$

et 925 gram. » valent $\dfrac{1,35}{1\,000} \times 925.$ 1^f,21875.

Le litre valant 1^f,21875, l'hectolitre vaut :

$$1,21875 \times 100.....\quad 121^f,90.$$

P. 567. Rendement (p. 565) de 100 kg. de graines de lin : 25 kg.
Valeur de cette huile :

$$\dfrac{137,50 \times 25}{100} ....\quad 34^f,40.$$

P. 568. Volume de la pierre :

$$3^m \times 2,50 \times 1,20 = 9 \text{ mètres cubes.}$$

Poids de cette pierre :

$$2,484 \times 9000 = 22\,356 \text{ kilogrammes.}$$

P. 569. Volume de l'air compris dans l'appartement :

$$4^m,50 \times 3,75 \times 2,60 = 43^{mc},875 \text{ ou}$$

43,875 décimètres cubes.

Poids de cet air :

$$0^{kg},0013 \times 43\,875 = 57^{kg},0375.$$

P. 570. Contenance du vase du p. 454.....   0^{mc},0125 664.
Ce même volume d'eau pèserait : 12^{kg},5 664.

» de glace pèserait :

$$\dfrac{12,5664 \times 914}{1\,000} = 11^{kg},4\,856.$$

La différence demandée est :

$$12^{kg},5664 - 11,4856 = 1^{kg},0808.$$

P. 571. Pression de l'air supportée par le corps de l'homme :

1^{mq},20 ou 12 000 centimètres carrés, ou

$$1^{kg},033 \times 12\,000 = 12\,396 \; \textit{kilogrammes.}$$

P. 572. Cette pression serait de :

$$12\,396^{kg} \times 770 = 9\,544\,920 \; \textit{kilogrammes.}$$

NOTA. — L'air contenu dans le corps de l'homme et la perte de poids qu'il éprouve, quand il est plongé dans l'eau, font équilibre à cette énorme pression.

P. 573. La colonne d'eau sera 13,6 fois plus élevée, soit :

$$0^{m},76 \times 13,6 = 10^{m},336.$$

NOTA. — Au-dessus de $10^{m},336$, l'eau ne peut plus s'élever dans les pompes aspirantes; cette hauteur est le *maximum* de pression de l'air atmosphérique.

P. 574. Poids de la pression sur le piston :

$$1^{kg},033 \times 15 = 15^{kg},495.$$

Poids de cette pression à 8 atmosphères :

$$15^{kg},495 \times 8 = 123^{kg},960.$$

P. 575. Volume du cylindre :

$$3,1416 \times 0,20^{2} \times 4,50 = 0^{mc},565\,488.$$

Poids de ce cylindre :

$$0,842 \times 565,488 = 476^{kg},140.$$

P. 576. Poids du sable contenu dans le tombereau :

$$1,900 \times 750 = 1\,425 \; \text{kilogrammes.}$$

P. 577. Poids de l'hydrogène contenu dans le ballon :

$$0,00009 \times 168\,000 \ldots\ldots\ldots\ldots \quad 15^{kg},120.$$

Poids de l'enveloppe et des accessoires du ballon.......................... 125 ,000.

Poids total........ 140^{kg},120

Dans l'air, le ballon perd de son poids le poids du volume d'air déplacé; ce poids est....... $0,0013 \times 168\,000$..... 218 ,400.

La force d'ascension du ballon sera représentée par ce dernier poids, diminué de.......................... 140 ,120.

Cette force est égale à............... $78^{kg},280.$

P. 578. Paille correspondant à 15 hectolitres de froment :

$$167 \times 15 = 2\,505 \text{ kilogrammes.}$$

Valeur de cette paille :

$$\frac{61 \times 2\,505}{1\,000} \quad \ldots\ldots\ldots \quad 152^\text{f},80.$$

P. 579. Quantité de blé correspondant à 1 753$^\text{kg}$,500 :

$$\frac{1\,753,500}{167} = 10^\text{hl},50.$$

P. 580. Fumier nécessaire pour obtenir 1 hectol. de froment :

$$12,500 \times 75 = 937^\text{kg},500.$$

Valeur de ce fumier à 3 fr. 50 le mètre cube :

$$\frac{3,50 \times 937,500}{750} \quad \ldots\ldots\ldots \quad 4^\text{f}37.$$

P. 581. Hectolitres de seigle compris dans 852 kg. :

$$\frac{852}{71} = 12 \text{ hectolitres.}$$

Poids de la paille correspondant à 12 hectolitres :

$$175 \times 12 = 2\,100 \text{ kilogrammes.}$$

P. 582. Avoine rendue par cette terre :

$$\frac{470}{47} = 10 \text{ hectolitres.}$$

Poids de cette avoine : $45^\text{kg} \times 10 = 450$ kilogr.

Valeur de 450 kilogrammes d'avoine :

$$\frac{20 \times 450}{100} \quad \ldots\ldots\ldots \quad 90^\text{f},00.$$

Valeur de 470 kilogrammes de paille :

$$\frac{25 \times 470}{500} \quad \ldots\ldots\ldots \quad 23\,,50.$$

Revenu total..... 113

Revenu total..... 113$^\text{f}$,50.

P. 583. Paille correspondant à 100 hectolitres :

$$47 \times 100 = 4\,700 \text{ kilogrammes.}$$

Valeur de cette paille :

$$\frac{25 \times 4\,700}{500} \quad \ldots\ldots\ldots \quad 235 \text{ fr.}$$

P. 584. Fourrage vert utile à la consommation journalière de ces deux bœufs (ils pèsent ensemble 750 kilogr.)

$$\frac{15,750 \times 750}{100} = 118^{kg},125.$$

Poids du fourrage pour les nourrir pendant 8 jours :

$$118,125 \times 8 = 945 \text{ kilogrammes.}$$

Poids de ce fourrage desséché (il est les 22 centièmes de 945).

$$\frac{945 \times 22}{100} \ldots\ldots\ldots\ldots\ldots 207^{kg},90.$$

P. 585. Ration pour 350 kilogrammes :

$$\frac{3,500 \times 350}{100} = \quad 12^{kg},250.$$

Ration pour 30 jours :

$$12,250 \times 30 = \quad 367^{kg},500.$$

Ration pour 365 jours :

$$12,250 \times 365 = 4\,471^{kg},250.$$

P. 586. Surface de la prairie :

$$250 \times 168 = 4^{ha},20.$$

Rendement de cette prairie :

$$1\,825 \times 4,20 = 7\,665 \text{ kilogrammes :}$$

Foin nécessaire pour nourrir en un an 2 bœufs pesant ensemble 600 kilogrammes :

$$\frac{3,5 \times 600 \times 365}{100} = 7\,665 \text{ kilogrammes.}$$

Le foin de cette prairie serait suffisant pour nourrir pendant un an ces deux bœufs.

P. 587. 1° La provision en foin serait les 5/6 de 7 665^{kg}, soit :

$$\frac{7\,665 \times 5}{6} \ldots\ldots\ldots\ldots 6\,387^{kg},500.$$

La quantité de paille serait représentée par :

$$\frac{7\,665}{6} = 1\,277^{kg},500 \text{ de foin.}$$

2° Le poids de la paille serait représenté par :

$$\frac{560 \times 12\,77,500}{100} = 4\,599 \text{ kilogrammes.}$$

P. 588. Dépense de cet attelage :

$$\frac{3,50 \times 500 \times 365}{100} = 6\,387^{kg},500 \text{ de foin}$$

Fumier équivalant à ce foin :

$$2,330 \times 6\,387,500 = 14\,882^{kg},735.$$

1° Volume de ce fumier :

$$\frac{14\,882,735}{750} = 19^{mc},843.$$

2° Valeur de ce fumier :

$$3^{f},50 \times 19,843 \ldots \ldots \ldots \quad 69^{f},45.$$

P. 589. Dose de foin pendant 4 mois ou 120 jours :

$$\frac{6 \times 350 \times 120}{100} = 2,520 \text{ kilogrammes.}$$

P. 590. Ration à donner à un bœuf pendant 8 jours :

$$\frac{3,5 \times 350 \times 8}{100} = 98 \text{ kilogrammes de foin.}$$

Regain équivalant à ce foin :

$$\frac{87 \times 98}{100} = 85^{kg},260.$$

P. 591. Nourriture en foin sec de ce cheval pendant 3 mois ou 90 jours :

$$\frac{4 \times 250 \times 90}{100} = 900 \text{ kilogrammes.}$$

1° Soit pour la moitié : 450 kilogr., qui, à 72 fr. les 1 000 kilogrammes, valent............. $32^{f},40.$

Trèfle représentant 450 kilogr. de foin :

$$\frac{88 \times 450}{100} = 396 \text{ kilogr.}$$

2° Valeur de ce trèfle :

$$\frac{86 \times 396}{1\,000} \cdot \ldots \ldots \ldots \ldots \ldots \quad 34,05.$$

Dépense faite par ce cheval.............. $66^{f},45$

P. 592. Surface de la luzernière......... $110 \times 80 = 0^{ha},88$.

Produit de la récolte :

$$8\,500 \times 0,88 = 7\,480 \text{ kilogrammes.}$$

Quantité de foin représentée par cette luzerne :

$$\frac{100 \times 7\,480}{88} = 8\,500 \text{ kilogrammes.}$$

P. 593. Rendement du terrain du problème précédent :

$$5\,500 \times 0,88 = 4\,840 \text{ kilogrammes.}$$

Le foin équivalant à cette quantité est de :

$$\frac{100 \times 4840}{88} \dots\dots\dots\dots 5\,500 \text{ kg.}$$

P. 594. Poids de foin sec représenté par $13\,661^{kg},200$ de betteraves :

$$\frac{100 \times 13\,661,200}{340} = 4\,018 \text{ kilogr.}$$

Dépense en foin de 2 bœufs de 700 kilogrammes :

$$\frac{3,5 \times 700}{100} = 24^{kg},500.$$

Cet attelage dépenserait en 185 jours :

$$24,500 \times 185 = 4\,532^{kg},500 \text{ de foin.}$$

Il faudrait faire entrer dans l'alimentation :

$$4\,532^{kg},500 - 4\,018 = 514^{kg},500 \text{ de foin.}$$

P. 595. Foin correspondant à $13\,661^{kg},200$ de betteraves jaunes :

$$\frac{100 \times 13\,661^{kg},200}{300} = 4\,553^{kg},733.$$

Temps pendant lequel cette quantité de foin pourrait nourrir un attelage de 700 kilogrammes :

$$\frac{4\,553,733}{24,500} = 185 \text{ jours } 20 \text{ heures } 38 \text{ minutes.}$$

Il ne faudrait pas consommer de foin, si l'on voulait nourrir exclusivement cet attelage en betteraves jaunes.

P. 596. Poids des 2 veaux.... $175 \times 2 = 350$ kilogrammes.

Poids de leur nourriture journalière :

$$\frac{3,50 \times 350}{100} = 12^{kg},250.$$

Foin équivalant à 3 675 kilogr. de pommes de terre :

$$\frac{100 \times 3\,675}{250} = 1\,470 \text{ kilogr.}$$

Temps pendant lequel on nourrirait ces 2 veaux :

$$\frac{1\,470}{12,250} = 120 \text{ jours.}$$

P. 597. Nourriture journalière d'un bœuf d'engrais :

$$\frac{6 \times 475}{100} = 28^{kg},50.$$

Nourriture pendant 80 jours :

$$28,50 \times 80 = 2\,280 \text{ kilogr.}$$

Quantité de topinambours équivalant à 2 280 kg. de
foin :

$$\frac{2\,280 \times 350}{100} = 7\,980 \text{ kg. de } \textit{topinambours.}$$

Quantité de carottes :

$$\frac{2\,280 \times 280}{100} = 6\,384 \text{ kg. de } \textit{carottes.}$$

Quantité de navets :

$$\frac{2\,280 \times 400}{100} = 9\,120 \text{ kg. de } \textit{navets.}$$

P. 598. 1° Quantité de féveroles pour nourrir 2 bœufs en un
jour : $\dfrac{518}{100} = 5^{kg},180.$

Pendant un jour, ces bœufs dépenseraient en foin :

$$\frac{3,5 \times 500}{100} = 17^{kg},500.$$

donc $5^{kg},180$ de féveroles équivalent à $17^{k},500$ de foin :

1 kg.   »   équivaut à $\dfrac{17.500}{5,180}$

et 518 kg.   »   équivalent à $\dfrac{17.500 \times 518}{5,180} = 1750^{k}$

2° Si 17ᵏ,500 de foin correspondent à 5ᵏ,180 de féverolles,

$$1 \text{ kg.} \quad » \quad \text{correspond} \quad \text{à} \frac{5,180}{17,500}$$

$$\text{et } 100 \text{ kg.} \quad » \quad \text{correspondent à} \frac{5,180 \times 100}{17,500} = 29^{kg},600.$$

P. 599.   Nourriture pendant 8 jours de 2 vaches :

$$\frac{3,50 \times 440 \times 8}{100} = 123^{kg},200 \text{ de foin.}$$

Valeur de ce foin :

$$\frac{72 \times 123,200}{1\ 000} \dots\dots\dots\dots\dots\dots \quad 8^f,85.$$

Valeur de ce sarrasin :

$$\frac{13,30 \times 59,136}{100} \dots\dots\dots\dots\dots \quad 7,85.$$

$$\text{Différence} \dots\dots\dots\dots \quad 1^f,00.$$

Il serait plus avantageux de nourrir ces vaches en sarrasin, puisqu'il économiserait 1 franc.

P. 600.   Consommation journalière de ce cheval :

$$\frac{4 \times 250}{100} = 10 \text{ kilogrammes de foin,}$$

dont le 1/4 est 2ᵏᵍ,500.

Avoine représentant 2ᵏᵍ,500 de foin :

$$\frac{61 \times 2,500}{100} = 1^{kg},525, \textit{ration demandée.}$$

P. 601.   Consommation annuelle d'un cheval de 250 kg. :

$$\frac{4 \times 250 \times 365}{100} = 3\ 650 \text{ kilogr. de foin,}$$

dont la 1/2 est de 1 825 kilogr.

Paille représentant 1 825 kilogr. de foin :

$$\frac{360 \times 1\ 825}{100} = 6\ 570 \text{ kilogr. de } \textit{paille.}$$

P. 602. 1° Provision pour la moitié de l'année (001) 1.825 *kilogr.*

2° Paille nécessaire pour nourrir le cheval pendant 1 an :

$$6\,570 \times 2 = 13\,140 \text{ kilogr., dont les } 4/10$$

$$\text{sont} : \frac{13\,140 \times 4}{10} = 5\,256 \text{ } kilogr. \text{ de paille.}$$

3° Avoine pouvant remplacer 5 650 kilogr. de foin :

$$\frac{61 \times 5650}{100} = 2\,226^{\text{kg}},500, \quad \text{dont le } 1/10$$

$$\text{est} : \frac{2\,226,500}{10} = 222^{\text{kg}},650 \text{ } d'avoine.$$

P. 603. Les deux veaux dépensent par jour :

$$\frac{5,5 \times 270}{100} = 9^{\text{kg}},500 \text{ de foin.}$$

Seigle équivalant à ce foin. :

$$\frac{67 \times 9,450}{100} = 6^{\text{k}},3\,315.$$

Poids de $12^{\text{hl}},665$ de seigle :

$$71 \times 12,665 = 899^{\text{kg}},075.$$

Temps pendant lequel on pourrait nourrir ces 2 veaux :

$$\frac{899,075}{6,3\,315} = 142 \text{ } jours.$$

P. 604. Quantité de fumier employée : $\dfrac{1\,912,500}{750} = 2^{\text{mc}},550.$

P. 605. Le volume demandé est..... $\dfrac{8,925}{3,50} = 2^{\text{mc}},550.$

P. 606. Poids total des 2 bœufs :

$$350 \times 2 = 700 \text{ kilogr. ou 7 fois 100 kg.}$$

Fumier produit par ces bœufs :

$$2\,850 \times 7 = 19\,950 \text{ kilogr.}$$

Nombre de mètres cubes :

$$\frac{19\,950}{750} = 26^{\text{mc}},600.$$

Valeur de $26^{\text{mc}},600$ de fumier :

$$5^{\text{f}},50 \times 26,600 \ldots \ldots \quad 93^{\text{f}},10.$$

P. 607. Produit d'une vache de 500 kilogrammes (p. 606) :

$$\frac{2\,850 \times 300}{100} = 8\,550 \text{ kg. de fumier.}$$

Donc, 8 moutons produisent 8 550 kg. de fumier, et 1' mouton produit :

$$\frac{8\,550}{8} = 1\,068^{kg},750.$$

P. 608. Fumier donné par ces bœufs :

$$\frac{2\,850 \times 850}{100} = 24\,225 \text{ kilogr.}$$

et par 24 moutons (p. 607) :

$$1\,068,750 \times 24 = 25\,650 \qquad »$$

$$\text{Total}\ldots\ldots 49\,875 \qquad »$$

Quantité de mètres cubes :

$$\frac{49\,875}{750} = 66^{mc},500.$$

Avec ce fumier on pourrait fumer ;

$$\frac{66,500}{20} = 5^{ha},32\,50.$$

P. 609. 1° Surface du terrain :

$$215 \times 175 = 5^{ha},76\,25.$$

Rendement de ce terrain :

$$15,5 \times 5,7625 = 58^{hl},32.$$

Poids de $58^{hl},52$:

$$75 \times 58,52 \ldots\ldots 4\,374^{kg}.$$

Augmentation du poids de la récolte :

$$\frac{4\,374 \times 8}{100} = 549^{kg},920.$$

Valeur de cette augmentation, à 20 fr. les 75 kilogr. :

$$\frac{20 \times 349,920}{75} \quad \ldots\ldots\ldots\ldots\ldots \quad 93^f,30.$$

Quantité de fumier à employer pour $3^{ha},7325$,
le poids de la fumure étant de 15 000 kg.
par hectare :

$$15\,000 \times 3,7325 = 56\,457^{kg},500.$$

Poids du sel à ajouter à celui du fumier :

$$\frac{150 \times 56\,457,500}{18\,000} = 470^{kg},512.$$

Valeur de ce sel :

$$\frac{15^f \times 470,512}{100} \quad \ldots\ldots\ldots\ldots \quad 70\,,55.$$

$$\textit{Bénéfice réalisé}\ldots\ldots\ldots \quad 22^f,75.$$

P. 610.   Surface de la prairie :

$$230^m \times 180 = 4^{ha},14$$

Dépense pour un hectare :

$$1^f,50 \times 11 = 16^f,50.$$

Dépense pour $4^{ha},14$:

$$16^f,50 \times 4,14\ldots\ldots\ldots \quad 68^f,30.$$

P. 611.   Rendement de la prairie du problème précédent :

Foin...... $1\,825^{kg} \times 4,14\ldots\ 7\,555^{kg},500.$

Regain..... $\dfrac{7\,555,500}{4} \ldots\ldots\ldots\ 1\,888\,,875.$

$$\textit{Rendement total}\ldots\ldots \quad 9\,444^{kg},375.$$

P. 612.   Surface du pré : $78^m \times 75 = 0^{ha},5850.$

Rendement :

Foin.. $1\,825^{kg} \times 0,5850 = 1\,067^{kg},625$

Regain..... $\dfrac{1\,067^{kg},625}{4} = \quad 266\,,906$

$$\textit{Total}\ldots\ldots\ldots \quad 1\,334^{kg},531$$

Valeur de cette récolte :

$$\frac{72^f \times 1\,334,531}{1\,000} \quad \dots\dots\dots\dots \quad 96^f,10.$$

A déduire pour frais de culture :

$$35^f \times 0,5850 \dots\dots\dots\dots \quad 20\,,50.$$

Produit net $\dots\dots\dots$ $75^f,60.$

P. 613.   Dépense journalière :

$$0^{kg},500 \times 37\,382\,225 = 18\,691\,112^{kg},500.$$

Dépense annuelle :

$$18\,691\,112^{kg},500 \times 365 = 6\,822\,256\,062^{kg},500.$$

Poids en quintaux métriques :

$$\frac{6\,822\,256\,062,500}{100} = 68\,222\,560,625.$$

P. 614.   Poids du charbon :

$$1,389 \times 70\,525 = 93\,727^{kg},725$$

Poids en tonneaux de mer : $\dfrac{93\,727,725}{1\,000} = 93,727725.$

P. 615.   Sel employé à la salaison d'un kilogr. de viande :

$$\frac{3,500}{28}$$

Sel à employer pour $56^{kg},500$:

$$\frac{3,500 \times 56,500}{28} = 7^{kg},0625.$$

Cette salaison reviendrait à

$$0^f,15 \times 7,0625 \dots\dots\dots\dots \quad 1^f,05.$$

P. 616.   1° Un bœuf d'engrais dépenserait :

En une semaine : $0^{kg},115 \times 7 = 0^{kg},805,$

$$\text{d'une valeur de } \frac{15^f \times 0,805}{100} \dots \quad 0^f,12.$$

En un mois : $0^{kg},115 \times 30 = 3^{kg},450,$

$$\text{d'une valeur de } \frac{15^f \times 3,450}{100} \dots \quad 0^f,52.$$

En un an : $0^{kg},115 \times 365 = 41^{kg},975,$

$$\text{d'une valeur de } \frac{15^f \times 41,975}{100} \dots \quad 6^f,30.$$

2° Un bœuf de travail ou une vache laitière dépenserait :

En une semaine : $0^{kg},060 \times 7 = 0^{kg},420$,

$$\text{d'une valeur de } \frac{15^f \times 0,420}{100} \dots \quad 0^f,06.$$

En un mois : $0^{kg},060 \times 30 = 1^{kg},800$,

$$\text{d'une valeur de } \frac{15^f \times 1,800}{100} \dots \quad 0^f,27.$$

En un an : $0^{kg},060 \times 365 = 21^{kg},950$,

$$\text{d'une valeur de } \frac{15^f \times 21,950}{100} \dots \quad 3^f,29.$$

3° Un porc d'engrais dépenserait :

En une semaine : $0^{kg},045 \times 7 = 0^{kg},315$,

$$\text{d'une valeur de } \frac{15^f \times 0,315}{100} \dots \quad 0^f,05.$$

En un mois : $0^{kg},045 \times 30 = 1^{kg},350$,

$$\text{d'une valeur de } \frac{15^f \times 1,350}{100} \dots \quad 0^f,20.$$

En un an : $0^{kg},045 \times 365 = 16^{kg},425$,

$$\text{d'une valeur de } \frac{15^f \times 16,425}{100} \dots \quad 2^f,46.$$

4° Un cheval et un mulet dépenseraient chacun moitié moins qu'un bœuf de travail.

5° Un mouton dépenserait 5 fois moins qu'un bœuf de travail.

6° Un veau dépenserait :

En une semaine : $0^{kg},035 \times 7 = 0^{kg},245$,

$$\text{d'une valeur de } \frac{15^f \times 0,245}{100} \dots \quad 0^f,037.$$

En un mois : $0^{kg},035 \times 30 = 1^{kg},050$,

$$\text{d'une valeur de } \frac{15^f \times 1,050}{100} \dots \quad 0^f,16.$$

En un an : $0^{kg},035 \times 365 = 12^{kg},775$,

$$\text{d'une valeur de } \frac{15^f \times 12,775}{100} \dots \quad 1^f,92.$$

P. 617. Surface de la terre :

$$125^{m} \times 110 = 1^{ha},3750.$$

Plâtre à employer :

$$250^{kg} \times 1,3750 = 343^{kg},750.$$

Prix de ce plâtre :

$$\frac{2^{f},25 \times 343,750}{100} \quad \ldots\ldots\ldots\ldots \quad 7^{f},75.$$

P. 618. Fumier produit par 2 bœufs de 750 kilogr. :

$$\frac{2\,850 \times 750}{100} = 21\,375 \text{ kilogr.}$$

1.º Poids de la perte éprouvée :

$$\frac{21\,375 \times 34}{100} = 7\,267^{kg},500.$$

2º Volume de cette perte :

$$\frac{7\,267,500}{750} = 6^{mc},690.$$

P. 619. Azote contenu dans 4 500 kilogr. de fumier :

$$\frac{4,400 \times 4\,500}{1\,000} = 19^{kg},800.$$

Fougères desséchées pouvant remplacer $19^{kg},800$ *d'azote :*

$$\frac{19,800 \times 100}{2,20} = 9\,000 \text{ kilogr.}$$

P. 620. Valeur de 100 kilogr. de guano, à raison de 20 p. %:

$$1^{f},50 \times 20 \ldots\ldots\ldots \quad 30 \text{ *francs*.}$$

P. 621. Poids de l'azote contenu dans 835 kilogr. de guano:

$$\frac{835 \times 20}{100} = 167 \text{ kilogr.}$$

Valeur de cet azote...... $1^{f},50 \times 167$..... $250^{f},50.$

P. 622. Azote contenu dans 750 kilogr. de fumier :

$$\frac{4,400 \times 750}{1\,000} = 3^{kg},300.$$

Valeur de cet azote.... $1^{f},50 \times 3,300$..... $4^{f},95.$

P. 623. Poids de la corne pouvant remplacer 750 kilogr. de fumier :

$$\frac{100 \times 3{,}300}{14} = 23^{kg}{,}571.$$

Valeur de cette corne (p. 622)............ 4ᶠ,95.

P. 624. Azote contenu dans 288ᵏᵍ de colombine :

$$\frac{25 \times 288}{100} = 72 \text{ kilogr.}$$

Poids du fumier qui correspond à 72 kilogr. d'azote :

$$\frac{72 \times 1\,000}{4{,}400} = 16\,363^{kg}{,}636.$$

P. 625. Cette colombine (p. 624) vaut :

$$1^{f}{,}50 \times 72 = 108 \text{ } francs.$$

P. 626. Urine donnée en un an par un cheval :

$$1^{kg}{,}330 \times 365 = 485^{kg}{,}450.$$

Azote contenu dans cette urine :

$$\frac{7{,}88 \times 485{,}450}{100} = 38^{kg}{,}253.$$

Azote contenu dans 10 m. cub. (p. 622).

$$3^{kg}{,}300 \times 10 = 33 \text{ kilogr.}$$

Étendue que pourraient fumer 38ᵏᵍ,253 :

$$\frac{10\,000^{dq} \times 38{,}253}{33} = 11\,592 \text{ } décimètres \text{ } carrés,$$

ou 1ʰᵃ,1592.

P. 627. 1° Matières azotées contenues dans 3 627 kilogr. d'urine de vache :

$$\frac{7{,}01 \times 3\,627}{100} = 254^{kg}{,}253.$$

Quantité de fumier que pourraient remplacer 254ᵏᵍ,253.

$$\frac{750 \times 254{,}253}{3{,}3} = 57\,784^{kg}{,}772.$$

2° Matières azotées contenues dans 544 kilogr. d'urine de cochon :

$$\frac{10,05 \times 544}{100} = 54^{kg},672.$$

Quantité de fumier que pourraient remplacer 54^{kg},672 :

$$\frac{750 \times 54,672}{3,3} = 12\,425^{kg},454.$$

P. 628. Graine nécessaire pour produire 19^{kg},375 de cocons :

$$\frac{31 \times 19,375}{50} = 12^{gr},0123.$$

P. 629. Quantité de feuilles pour produire 50 kg. de cocons (p. 628) :

$$16^{kg},500 \times 50 = 825 \;\textit{kilogrammes}.$$

P. 650. Cette ménagère a payé au marchand :

$$\frac{82^{f} \times 34,500}{100} \;\ldots\ldots\ldots\ldots\ldots\; 28^{f},50.$$

P. 651. Prix de 1^{kg},857 de pain :

$$0^{f}33 \times 1,857\ldots\ldots\quad 0^{f},63.$$

Prix de 0^{kg},570 de pain :

$$0^{f},35 \times 0,570\ldots\quad 0^{f},20 \;\Big\}$$

Prix de 0^{kg},480 de viande :

$$1^{f},20 \times 0,480\ldots\quad 0^{f},58 \;\Big\}\quad \text{total}\ldots\quad 0^{f},78.$$

Différence demandée$\ldots\ldots\ldots\ldots\quad 0^{f},13.$

MONNAIES

P. 632. Valeur de 100 gram. d'argent : $0^f,20 \times 100$...   20 fr.

    »   de 200   » $0^f,20 \times 200$...   40 fr.

    »   de 500   » $0^f,20 \times 500$...   100 fr.

    »   de 1 000   » $0^f,20 \times 1\,000$..   200 fr.

P. 633. 1° Quantité d'argent contenue dans 500 grammes d'alliage :

$$\frac{500 \times 9}{10} = 450 \text{ grammes.}$$

2° Quantité de cuivre contenue dans 500 grammes d'alliage :

$$\frac{500 \times 1}{10} = 50 \text{ grammes.}$$

La pièce de 5 francs pèse :

$$5 \times 5 = 25 \text{ grammes.}$$

3° Poids de l'argent contenu dans 25 grammes :

$$\frac{25 \times 9}{10} = 22^{gram.},5.$$

4° Poids du cuivre dans 25 grammes d'argent :

$$\frac{25 \times 1}{10} = 2^{gram.},5.$$

P. 634. Le poids du cuivre contenu dans $1^{kg},613$ est de :

$$\frac{1,613}{10} = 0^{kg},1\,613.$$

P. 635. La quantité de cuivre que contiennent 4 kilogr. d'alliage est de :

$$\frac{165 \times 4\,000}{1\,000} = 0^{kg},660.$$

P. 656. Le poids du cuivre introduit dans la fabrication de l'alliage des pièces de 5 fr. est le 1/9 du poids de l'argent; par conséquent, sur 360 gr. d'argent pur, il faudra introduire :

$$\frac{360}{9} = 40 \; grammes.$$

P. 657. Il faudrait ajouter :

$$\frac{450}{9} = 50 \; grammes.$$

P. 658. Valeur de 4^{kg},500 d'argent monnayé :

$$\frac{4\,500^{gr}}{5} = 900 \; francs.$$

Valeur de 4 500 gr. de monnaie de billon :

$$\frac{900^f}{20} = 45 \; francs.$$

P. 659. Valeur de la monnaie de billon ayant le même poids que 1 240 fr. en or :

$$\frac{1\,240^f}{310} = 40 \; francs.$$

P. 640. 0,835 représentent . . . . 6^{kg},680

0,001 représente . . . . $\dfrac{6,680}{835}$

et 1 000 (une unité) représentent $\dfrac{6,680 \times 1\,000}{835} = 8$ kilogr.

ou l'alliage total. En retranchant le poids de l'argent pur de 8 kilogr., on obtient 8^{kg} — 6,680 = 1^{kg},320, *poids* du *cuivre.* On peut vérifier en prenant les 0,165 du poids de l'alliage.

P. 641. 1° La pièce de 1 fr. pèse 5 gr.; il en faut $\dfrac{500}{5} = 100$ pour composer le poids de 500 grammes.

2° La pièce de 2 fr. pèse 10 gr. ; il en faut $\dfrac{500}{10}=50$
pour composer le poids de 500 grammes.

3° La pièce de 5 fr. pèse 25 gr. ; il en faut $\dfrac{500}{25}=20$
pour composer le poids de 500 grammes.

P. 642.   La pièce en or de   5 fr. pèse............ $1^{gr},613$.

»   »   de 10 fr. » .... 3 ,226.

»   »   de 20 fr. » .... 6 ,452.

»   »   de 50 fr. » .... 16 ,129.

»   »   de 100 fr. » .... 32 ,258.

P. 643.   La pièce de 1 centime pèse 1 *gramme;* celle de
5 centimes, 5 *grammes;* celle de 10 centimes,
10 *grammes.*

1° Il faut   10 pièces de   1 centime pour faire le poids de   10 gr.

»   2   »   de 5 centimes   »   de   10 »

»   1   »   de 10   »   »   de   10 »

2° Il faut 100   »   de 1 centime   »   de 100 »

»   20   »   de 5 centimes   »   de 100 »

»   10   »   de 10   »   »   de 100 »

3° Il faut 500   »   de 1 centime   »   de 500 »

»   100   »   de 5 centimes   »   de 500 »

»   50   »   de 10   »   »   de 500 »

4° Il faut 1 000   »   de 1 centime   »   de 1 000 »

»   200   »   de 5 centimes   »   de 1 000 »

»   100   »   de 10   »   »   de 1 000 »

P. 644.   1 kilogr. d'argent français valant...... 200 francs.

1 kilogr. d'or
- français... vaut : $200 \times 15,05 = 3100$ »
- anglais... » $200 \times 14,28 = 2856$ »
- belge..... » $200 \times 15,79 = 3158$ »
- espagnol.. » $200 \times 15,75 = 3150$ ».
- russe..... » $200 \times 15,00 = 3000$ »
- portugais.. » $200 \times 15,48 = 3096$ »

P. 645. Poids de l'or anglais équivalant à 4 284 grammes d'argent monnayé français :

$$\frac{4\,284}{14\,28} = 300 \text{ grammes.}$$

Valeur de cet or en Angleterre :

$$\frac{2\,856 \times 300}{1\,000} = 856^f,80.$$

Valeur de cette même quantité d'or en France :

$$\frac{3\,100 \times 300}{1\,000} = 930 \text{ francs.}$$

Bénéfice sur l'échange :

$$930^f - 856^f,80 \dots\dots\dots\dots 73^f,30$$

P. 646. Valeur en argent d'un lingot d'or monnayé :

1° En France... $2^{kg},500 \times 3\,100 = 7\,750$ fr.

2° En Angleterre $2^{kg},500 \times 2\,856 = 7\,140$ fr.

Un Anglais gagnerait à l'échange contre de l'argent français... 610 fr.

P. 647. 1° 100 fr. (poids 500 gr.) d'or belge pèsent :

$$\frac{500^{gr}}{15,79} = 31^{gr}666$$

et valent, échangés contre de l'argent français :

$$\frac{3\,100^f \times 31,666}{1\,000} \dots\dots\dots 98^f,16$$

2° 100 fr. d'or espagnol pèsent :

$$\frac{500^{gr}}{15,75} = 31^{gr},746,$$

et valent, échangés contre de l'argent français :

$$\frac{3\,100^f \times 31,746}{1\,000} \dots\dots\dots 98^f,41$$

3° 100 fr. d'or russe pèsent :

$$\frac{500^{gr}}{15} = 33^{gr},333$$

et valent, échangés contre de l'argent français :

$$\frac{3\,100^f \times 33,333}{1\,000} \dots\dots\dots 103^f,33$$

4° 100 fr. d'or portugais pèsent :

$$\frac{500^{\mathrm{gr}}}{15,48} = 52^{\mathrm{gr}},3$$

et valent, échangés contre de l'argent français :

$$\frac{3\,100^{\mathrm{f}} \times 52,3}{1\,000} \cdots\cdots\cdots\cdots 100^{\mathrm{f}},13.$$

P. 648.   Cette différence est $3\,100^{\mathrm{f}} - 3\,000^{\mathrm{f}} = 100$ *francs.*

P. 649.   Les revenus anglais de toute nature valent :

$$\frac{1\,636\,952\,100}{25} = 65\,477\,284\ \textit{livres sterling.}$$

P. 650.   Les revenus de la France s'élèvent à :

$$73\,829\,346 \times 25 = 1\,845\,733\,650\ \textit{francs.}$$

P. 651.   Valeur de 110 000 000 d'hectolitres de froment :

$$21^{\mathrm{f}},50 \times 110\,000\,000 = 2\,365\,000\,000\ \text{de francs.}$$

Leur valeur en florins de $2^{\mathrm{f}},15$:

$$\frac{2\,365\,000\,000}{2,15} = 1\,100\,000\,000.$$

P. 652.   *Valeur de ce seigle en florins d'Autriche :*

$$\frac{373\,650\,000}{2,65} = 141\,000\,000.$$

P. 653.   Valeur de 8 000 000 d'hectolitres de maïs :

$$13^{\mathrm{f}} \times 8\,000\,000 = 104\,000\,000\ \text{de francs.}$$

Leur valeur en thalers allemands de $3^{\mathrm{f}},75$:

$$\frac{104\,000\,000}{3,75} = 27\,733\,333,33.$$

P. 654.   *Valeur en rixdalers de Danemark de :*

$$\frac{403\,200\,000}{2,80} = 144\,000\,000\ \text{de rixdalers.}$$

P. 655.   *Valeur en roubles de Russie de :*

$$\frac{288\,000\,000}{4} = 72\,000\,000\ \text{de roubles.}$$

P. 656. Valeur de 48 000 000 d'hectol. de vin, à 25 fc. l'hectol.

$$25^f \times 48\,000\,000 = 1\,200\,000\,000 \text{ de francs.}$$

Pour payer cette récolte, il faudrait :

$$\frac{1\,200\,000\,000^f}{0,25} = 4\,800\,000\,000 \text{ de } \textit{réaux d'Espagne.}$$

P. 657. Prix de 3 460 000 hectolitres de légumes, à 16^f,55 :

$$16^f,55 \times 3\,460\,000 = 56\,571\,000 \text{ francs.}$$

Valeur en écus romains de 5^f,45 :

$$\frac{56\,571\,000}{5,45} = 10\,380\,000.$$

P. 658. 189 000 000 de francs correspondent à :

$$\frac{189\,000\,000}{5,40} = 35\,148\,148 \textit{ dollars d'Amérique environ.}$$

P. 659. Le caveau de Sara coûtait : 1^f,60 $\times$ 400 = 640 *francs.*

P. 660. Les frais de battage au fléau s'élèvent à 3 fr. par hectolitre, et pour 104 hectolitres, à :

$$3^f \times 104 \dots\dots\dots\dots\dots\dots \quad 312 \text{ fr.}$$

Dépiqués à la batteuse, ces 104 hectolitres ne
coûteraient que $\dots\dots\dots\dots\dots\dots$ 104 fr.

Par ce dernier mode, on obtiendrait un bénéfice de $\dots\dots\dots\dots\dots\dots\dots$ 208 fr.

P. 661. 1° Perte de grains sur 1 220 000 hectolitres de froment :

$$8 \times 1\,220\,000 = 97\,600 \text{ hectolitres.}$$

Valeur, à 20 francs l'hectolitre :

$$20^f \times 97\,600 \dots\dots\dots\dots \quad 1\,952\,000 \text{ fr.}$$

2° Perte de grains sur 67 100 hectolitres
de méteil :

$$8 \times 67\,100 = 5\,368 \text{ hectolitres.}$$

Valeur, à 16 francs l'hectolitre :

$$16^f \times 5\,368 \dots\dots\dots\dots \quad 85\,888 \text{ fr.}$$

3° Perte sur 212 000 hectolitres de seigle :

$$8 \times 212\,000 = 16\,960 \text{ hectol.}$$

Valeur, à 12 francs l'hectolitre :

$$12^f \times 16\,960 \dots\dots\dots\dots \quad 203\,520 \text{ fr.}$$

Perte totale $\dots\dots$ 2 241 408 fr.

P. 662. 1° Perte sur 110 000 000 d'hectolitres de froment :

$$\frac{8 \times 110\,000\,000}{100} = 8\,800\,000 \text{ hectolitres.}$$

Valeur, à 20 francs l'hectolitre :

$$20^f \times 8\,800\,000 \ldots\ldots\ldots \quad 176\,000\,000 \text{ fr.}$$

2° Perte sur 23 500 000 hectolitres de

seigle :

$$8 \times 23\,500\,000 = 1\,880\,000 \text{ hectol.}$$

Valeur, à 12 francs l'hectolitre :

$$12 \times 1\,880\,000 \ldots\ldots\ldots \quad 22\,560\,000 \text{ fr.}$$

$$\textit{Perte totale} \ldots\ldots \quad 198\,560\,000 \text{ fr.}$$

P. 663. Perte résultant du battage au fléau et qu'on économiserait en battant les céréales, froment et seigle, à la
batteuse (p. 662).

Froment......   8 800 000 hectolitres.

Seigle........   1 880 000   »

Total.... 10 680 000 hectolitres.

Le seigle est assimilé au froment, quant au rendement en farine.

Quantité de farine rendue par 10 680 000 hectolitres
pesant, le froment, $75^{kg} \times 8\,800\,000 = 660\,000\,000^{kg}$;
le seigle, $71^{kg} \times 1\,880\,000 = 133\,480\,000$ kilogr., soit
ensemble 793 480 000 kilogrammes :

$$\frac{793\,480\,000 \times 75}{100} = 595\,110\,000 \text{ kilogr.}$$

Pain rendu par cette farine :

$$\frac{130 \times 595\,110\,000}{100} = 773\,643\,000 \text{ kilogr.}$$

Un individu, nourri exclusivement en pain pendant
un an, dépenserait :

$$1^{kg} 857 \times 365 = 677^{kg},805.$$

Nombre d'individus qu'on pourrait nourrir pendant un
an avec 773 643 000 kilogrammes de pain :

$$\frac{773\,643\,000}{677,805} = 1\,141\,394 \textit{ individus environ.}$$

P. 664. Cet ouvrier a employé : $\dfrac{72^f}{2,25} = 32$ *journées.*

P. 665. Le manœuvre maçon gagne en 45 journées :

$$1^f,50 \times 45 \ldots\ldots\ldots\ldots\ldots\ldots \quad 67^f,50$$

et le manœuvre servant gagne pendant le même temps : $1^f,40 \times 45 \ldots\ldots\ldots\ldots \quad 63,00$

Différence de salaire $\ldots\ldots\ldots\ldots \quad 4^f,50$

P. 666. Pour 105 journées, le tailleur de pierre a reçu :

$$2^f \times 105 \ldots\ldots\ldots\ldots\ldots \quad 210 \text{ fr.}$$

et pour 72 journées, le poseur a reçu :

$$2^f,50 \times 72 \ldots\ldots\ldots\ldots \quad 180 \text{ fr.}$$

La bâtisse a coûté $\ldots\ldots\ldots \quad 390 \text{ fr.}$

P. 667. L'ouvrier terrassier a reçu par journée :

$$\frac{67^f,50}{45} \ldots\ldots\ldots\ldots\ldots\ldots \quad 1^f,50$$

P. 668. Du lundi 4 mai au 4 juin inclusivement, on compte 28 jours de travail :

Donc le peintre recevra un salaire de :

$$2^f,25 \times 28 \ldots\ldots\ldots\ldots \quad 63 \text{ *francs.*}$$

P. 669. Cette voiture a été employée pendant :

$$\frac{275}{5} = 55 \text{ *journées.*}$$

P. 670. On recevrait après 64 journées de travail :

$$9^f \times 64 \ldots\ldots\ldots\ldots\ldots \quad 576 \text{ fr.}$$

P. 671. Placés à intérêts pendant un an, 6 308 fr. produisent :

$$\frac{6\,308 \times 5}{100} \ldots\ldots\ldots\ldots\ldots \quad 315^f,40$$

Placés en rentes 3 p. %, 6 308 fr. produiraient annuellement :

$$\frac{6\,308 \times 3}{66} \ldots\ldots\ldots\ldots \quad 286^f,70$$

et placés en rentes 4,50 p. %, ils produiraient :

$$\frac{6\,308 \times 4,50}{95} \quad \ldots\ldots\ldots\ldots\ldots \quad 298^f,80$$

Le placement le plus avantageux est le placement au taux de 5 p. %.

P. 672.   Pour 9 443ᶠ,50 on aurait :

$$\frac{9\,443,50 \times 4,50}{93^f,50} = 454^f,50 \text{ de rentes } 4\ 1/2.$$

P. 673.   En vendant sa rente au taux indiqué, il recevrait :

$$\frac{454^f,50 \times 95}{4,5} = 9\,595 \text{ francs.}$$

P. 674.   5 248ᶠ,46 convertis en rente 4 1/2 p. % produisent :

$$\frac{5\,248^f,46 \times 4,50}{93,40} \quad \ldots\ldots\ldots\ldots \quad 252^f,87$$

et cette même somme convertie en rente 3 p. % produit :

$$\frac{5\,248^f,46 \times 3}{66,90} \quad \ldots\ldots\ldots\ldots \quad 235,33$$

On réaliserait, en plaçant cet argent à 4 1/2 p. % 17ᶠ,52

P. 675.   Nombre de fois que la somme de 2 004 fr. contient la rente demandée :

$$\frac{2\,004}{66,80} = 30 \text{ fois.}$$

Si 30 fois la rente valent.. 90 francs,

1 fois   »   vaut .... $\dfrac{90}{30} = 3$ francs.

P. 676.   On recevrait en un an :

$$\frac{2\,525 \times 5}{100} = 126^f,25.$$

et en quatre ans :

$$126^f,25 \times 4 \quad \ldots\ldots\ldots\ldots \quad 505 \text{ fr.}$$

P. 677. En un an, on recevrait :

$$\frac{725^f,50 \times 5}{100}$$

En un mois, on recevrait :

$$\frac{725^f,50 \times 5}{100 \times 12}$$

En 15 mois, on recevrait :

$$\frac{725^f,50 \times 5 \times 15}{100 \times 12} \dots\dots\dots\dots \quad 55^f,45$$

P. 678. Au bout d'un an, ce commerçant recevra :

$$\frac{1\,250 \times 6}{100}$$

Au bout d'un mois, il recevra :

$$\frac{1\,250 \times 6}{100 \times 12}$$

et au bout de 29 mois :

$$\frac{1\,250 \times 6 \times 29}{100 \times 12} \dots\dots\dots\dots \quad 181^f,25$$

P. 679. Montant de la facture.................. $325^f,90$

Déduction du 3 p. %:

$$\frac{325,90 \times 3}{100} \dots\dots\dots\dots\dots \quad 9,75$$

Le montant de cette facture se réduit à..... $316^f,15$

P. 680. Montant du billet....................... $520^f,00$

A déduire : escompte à 1,50 p. % pour 3 mois :

$$\frac{1^f,50 \times 520}{100} \dots\dots\dots\dots \quad 7,80$$

Valeur actuelle du billet................ $512^f,20$

P. 681. Cet escompte (8 p. % pour 12 mois) est de :

$$\frac{8^f}{6} \quad \text{p. % pour 2 mois.}$$

Pour 520 fr., pour le même temps, il est de :

$$\frac{8 \times 520}{6 \times 100} \dots\dots\dots\dots\dots \quad 6^f,93$$

P. 682. 1° Escompte prélevé sur 175 fr. (p. 681) :

$$\frac{8 \times 175}{6 \times 100} \dots\dots\dots\dots\quad 2^f,33$$

2° Escompte prélevé sur 220 fr. :

$$\frac{2^f, \times 220}{100} \dots\dots\dots\dots\cdot\quad 4,40$$

Le banquier a retenu un escompte de...... $6^f,73$

P. 683. Intérêts produits en un an :

$$\frac{64^f,65}{5} = 12^f,93.$$

Si 6 fr. ont été produits en 1 an par 100 fr.,

1 fr. a été produit » par $\dfrac{100}{6}$

et $12^f,93$ ont été produits » par $\dfrac{100 \times 12,93}{6} = 215^f,50,$

capital demandé.

P. 684. Par un raisonnement analogue à celui du problème précédent, on trouve que la somme qui a produit, en 4 ans, à 5 p. %, $103^f,05$ d'intérêt, est $515^f,25.$

P. 685. Le taux est l'intérêt de 100 fr. pour un an :
125 fr. en 42 mois ont produit $26^f,25.$

1 fr. en 42 mois a produit $\dfrac{26,25}{125}$

1 fr. en 1 mois » $\dfrac{26,25}{125 \times 42}$

1 fr. en 12 mois » $\dfrac{26,25 \times 12}{125 \times 42}$

et 100 fr. en 12 mois » $\dfrac{26,25 \times 12 \times 100}{125 \times 42} = 6\ fr.$

P. 686. Par un raisonnement analogue à celui du problème précédent, on trouverait que 450 fr. ont été placés au taux de 6 p. % l'an.

P. 687. L'intérêt de 324 francs est de :

$$\frac{324 \times 5}{100} = 16^f,20 \text{ au bout d'un an.}$$

Autant de fois $16^f,20$ seront contenus dans $40^f,50$, autant de fois *un an* 324 fr. seront restés placés.

$$\frac{40,50}{16,20} = 1,5 ;$$

d'où il est facile de conclure que la somme 324 fr. est restée *un an et demi ou* 18 *mois* placée à intérêt.

P. 688. Le receveur de l'enregistrement recevra :

$1^o \dfrac{8\,750 \times 5,5}{100}$ .... $481^f,25$

2° Plus le 1/10 de 481,25, soit............ $48\,,13$

3° Plus le 1/20 de 481,25, soit............ $24\,,07$

Total.................. $553^f,45$

On aurait pu, pour obtenir le décime et demi, multiplier $481^f,25$ par 3/20. Le résultat aurait donné $.72^f,19$, c'est-à-dire 1 centime en moins que le calcul plus haut indiqué.

P. 689. Prix cumulé : $1\,250^f \times 9 = 11\,250$ francs.

Droit de $0^f,20$ p. $^o/_o$:

$$\frac{0^f,20 \times 11\,250}{100}$$ .... $22^f,50$

Décime, sur $22^f,50$...................... $2\,,25$

Demi-décime, sur la même somme........ $1\,,13$

Les droits d'enregistrement se sont élevés à... $25^f,88$

P. 690. $3^f,45$ se composent : 1° du droit principal, que nous pouvons représenter par la fraction $\dfrac{20}{20}$; 2° du décime et demi, qui est égal à $\dfrac{3}{20}$ soit ensemble $\dfrac{23}{20}$.

Le droit principal est donc de :

$$\frac{3^f,45 \times 20}{23} = 3 \text{ francs.}$$

6.

Le prix cumulé du bail est de :

$$\frac{3^f \times 100}{0,20} = 1\ 500\ \text{francs,}$$

et le prix annuel du bail est de :

$$\frac{1\ 500^f}{6} \dots\dots\dots\dots\dots\ 250\ francs.$$

P. 691.   Prix cumulé : $175^f \times 5 = 875$ francs.

Droit de $0^f,20$ p. $^o/_o$:

$$\frac{0^f,20 \times 875}{100} \dots\dots\dots\dots\ 1^f,75$$

Décime.   0,18

Demi-décime.   0,09

Droits ordinaires. . . . . $2^f,02$

augmentés du 1/4 de $2^f,02$, soit de.   0,51

Total. . . . . $2^f,53$

P. 692.   Revenu multiplié par 20 :

$$125^f,75 \times 20 = 2\ 515\ \text{francs.}$$

Droit principal :

$$\frac{2,50 \times 2\ 515}{100} \dots\dots\dots\dots\ 62^f,88$$

Décime.   6,29

Demi-décime.   5,15

Total. . . . . $72^f,32$

P. 693.   Revenu multiplié par 20 :

$$75 \times 20 = 1\ 500\ \text{francs.}$$

Droit en principal et décime et demi. . . . . $43^f,13$

»   »   »   »   de 425 fr. .   26,88

Total. . . . . $70^f,01$

P. 694. Droit principal sur 1 275^f,50 :

$$\frac{2^f \times 1\,275,50}{100} \quad \ldots\ldots\ldots\ldots \quad 25^f,47$$

Décime.................................... 2 ,55

Demi-décime.............................. 1 ,28

$$\text{Total}\ldots\ldots\ldots\ldots\ldots \quad 29^f,50$$

P. 695. Droit principal :

$$\frac{1^f \times 950}{100} \quad \ldots\ldots\ldots\ldots \quad 9^f,50$$

Décime..................................... 0 ,95

Demi-décime............................... 0 ,48

$$\text{Total}\ldots\ldots\ldots\ldots \quad 10^f,95$$

P. 696. Rendement de la prairie en foin :

$$1\,825^{kg} \times 2,40 = 4\,380 \text{ kilogr.}$$

$$\text{Regain}\ldots\ldots \quad \frac{4\,380}{4} \quad \ldots\ldots\ldots \quad 1\,095 \quad »$$

$$\text{Total}\ldots\ldots\ldots \quad 5\,475 \text{ kilogr.}$$

Valeur de ce foin à raison de 72 fr. les 1 000 kilogr. :

$$\frac{72^f \times 5\,475}{1\,000} \quad \ldots\ldots\ldots \quad 394^f,20$$

A déduire :

Frais de culture, à 16^f,50 par hectare :

$$16^f,50 \times 2,40\ldots\ldots \quad 39,60$$

$$\text{Revenu net}\ldots\ldots\ldots \quad 354^f,60$$

La prairie a été vendue :

$$\frac{354^f,60 \times 100}{3;35} \quad \ldots\ldots\ldots \quad 16\,256^f,72$$

P. 697. Foin rendu par cette prairie, à raison de 1 000 kilogr.
par 72 francs :

$$\frac{254^f,70 \times 1\,000}{72} = 3\,537^{kg},500.$$

1° *Étendue du terrain*, à raison de $2\,281^{kg},250$ par hectare, regain compris :

$$\frac{3\,557,500}{2\,281,250} = 1^{ha},5507.$$

Frais de culture sur $1^{ha},5507$:

$$16^{f},50 \times 1,5507 = 25^{f},65.$$

Revenu net de la prairie :

$$254^{f},70 - 25,65 = 229^{f},05.$$

Valeur de la prairie :

$$\frac{229^{f},05 \times 100}{3,15} = 6\,837^{f},31.$$

2° *Valeur de l'hectare de cette prairie :*

$$\frac{6\,837^{f},31}{1,5507} = 4\,409^{f},17.$$

P. 698.   Produit net de cette terre :

$$50^{f},25 \times 3,2550 = 163^{f},56.$$

Valeur de cette terre à 4 p. °/° :

$$\frac{163^{f},56 \times 100}{4} \ldots\ldots\ldots \quad 4\,089 \text{ fr.}$$

P. 699.   Rendement de cette terre :

$$15^{hl},5 \times 0,6585 = 10^{hl},20.$$

Valeur de $10^{hl},20$ de froment, à 20 francs :

$$20^{f} \times 10,20 \ldots\ldots\ldots\ldots \quad 204^{f},00$$

A déduire pour frais de culture :

$$175^{f} \times 0,6585 \ldots\ldots\ldots \quad 115,23$$

$$\text{Produit net}\ldots\ldots\ldots \quad 88^{f},75$$

P. 700.   Valeur de la terre du numéro précédent, à 4 p. °/° du revenu net :

$$\frac{88^{f},75 \times 100}{4} \ldots\ldots\ldots \quad 2\,218^{f},75$$

P. 701.

1re Puissance. 1, 05.

2e   —   1, 10 25.

3e   —   1, 15 76 25.

4e   —   1, 21 55 06 25.

5e   —   1, 27 62 81 56 25.

6e   —   1, 34 00 95 64 06 25.

7e   —   1, 40 71 00 42 26 56 25.

8e   —   1, 47 74 55 44 37 89 06 25.

9e   —   1, 55 13 28 21 59 78 51 56 25.

10e   —   1, 62 88 94 62 67 77 44 14 06 25.

11e   —   1, 71 03 39 35 81 16 31 34 76 56 25.

12e   —   1, 79 58 56 32 60 22 12 91 50 39 06 25.

13e   —   1, 88 56 49 14 23 23 23 56 07 91 01 56 25.

14e   —   1, 97 99 31 59 94 39 39 73 88 50 56 64 06 25.

15e   —   2, 07 89 28 17 94 11 36 72 57 72 09 47 26 56 25.

P. 702. D'après le tableau du numéro précédent, cette somme vaudrait au bout de :

5 ans : 1,27 62 81 $\times$ 2 300 = 2 935^f,45.

10 ans : 1,62 88 94 $\times$ 2 300 = 3 746^f,45.

15 ans : 2,07 89 28 $\times$ 2 300 = 4 781^f,54.

P. 703. On a compté à cet architecte :

$$\frac{5^f \times 7\,450,50}{100} \ldots\ldots\ldots\ldots\ldots 372^f,50$$

P. 704. Il aurait reçu la moitié de 372^f,50, soit..... 186^f,25

P. 705. Cet architecte recevrait :

$$\frac{2^f,5 \times 12\,417}{100} \ldots\ldots\ldots\ldots\ldots 310^f,30$$

P. 706. L'architecte recevra :

1° Dans le 1er cas : $\dfrac{1^f,5 \times 1\,225}{100} \ldots\ldots\ldots 18^f,40$

2° Dans le 2e cas : 6^f $\times$ 3. $\ldots\ldots\ldots\ldots 18^f,00$

P. 707. Ce toiseur-vérificateur recevrait :

1° Pour une vacation de quatre heures........ 4 fr.

2° Pour son déplacement (12 km. ou 3 lieues).. 6 fr.

Total................. 10 fr.

P. 708. L'architecte recevrait, à raison de 2 fr. par heure :

$$2^f \times 10................. 20 \text{ fr.}$$

P. 709. L'expert artisan ou laboureur aurait reçu :

$$\frac{20^f}{2} .... 10 \text{ fr.}$$

P. 710. Les deux bœufs pèsent ensemble :

$$349 \times 2 = 698 \text{ kilogrammes,}$$

et valent : $0^f,60 \times 698$................ $418^f,80$

P. 711. On payerait cette vache : $0^f,55 \times 238$........ $130^f,90$

P. 712. Surface d'une planche : $0^m,32 \times 2 = 0^{mq},64$.

Surface de 36 planches : $0^{mq},64 \times 36 = 23^{mq},04$.

Coût de ces planches, à $0^f,50$ les 4 mètres superficiels :

$$\frac{0^f,50 \times 23,04}{4} .... 2^f,88$$

P. 713. Surface du plancher : $6^m,63 \times 4,33 = 28^{mq},7945$.

Le menuisier recevrait : $0^f,25 \times 28,7945$..... $7^f,20$

P. 714. 1° Le mouton fournirait :

$$\frac{53 \times 35}{100} = 18^{kg},550.$$

Le mouton, poids vivant, reviendrait à :

$$0^f,60 \times 35................. 21^f,00$$

2° Le kilogramme de viande reviendrait à :

$$\frac{21^f}{18,550} .... 1^f,13$$

P. 715. Rendement d'un hectare de terrain cultivé en coton :

$$\frac{3\,500 \times 100}{184} = 1\,902^{kg},173.$$

P. 716. Surface de cette terre :
$$\frac{124^m,50 \times 76^f,80}{2} = 0^{ha},4781.$$

Quantité de suie à employer :
$$20^{hl} \times 0,4781 = 9^{hl},56 \text{ de suie.}$$
Cette suie reviendrait à :
$$1^f,05 \times 9,56 \dots\dots\dots\dots \quad 10^f,05$$

P. 717. La ménagère a payé pour :

$$4^{kg},500 \text{ d'huile, à } 1^f,50 \dots\dots \quad 6^f,75$$
$$5^{kg} \text{ de chandelles, à } 1,40 \dots\dots \quad 7,00$$

$$\text{Total} \dots\dots\dots\dots \quad \overline{15^f,75}$$

P. 718. Cette blanchisseuse a payé pour :

$$27^{kg},500 \text{ de savon, à } 1^f,10 \dots\dots \quad 20^f,25$$
$$5^{kg},750 \text{ d'amidon, à } 1,05 \dots\dots \quad 6,05$$

$$\text{Total} \dots\dots\dots\dots \quad \overline{26^f,30}$$

P. 719. L'importance de la vente est de :

$$0^{kg},125 \text{ de poivre, à} \dots 2^f,20 \dots\dots \quad 0^f,28$$
$$0\ ,050 \text{ de vermicelle, à } 1,05 \dots\dots \quad 0,06$$
$$0\ ,750 \text{ d'amandes, à } 1,50 \dots\dots \quad 1,15$$

$$\text{Total} \dots\dots\dots\dots \quad \overline{1^f,47}$$

P. 720. Le kilogramme de lard revient à :
$$\frac{12^f,96}{7,200} \dots\dots\dots\dots\dots\dots \quad 1^f,80$$
Le kilogramme de café à :
$$\frac{36^f,15}{12,050} \dots\dots\dots\dots\dots\dots \quad 3^f,00$$

P. 721. Poids d'une bougie : $\dfrac{0^{kg},440}{5} = 0^{kg},088,$

Si 440 gram. de bougies valent $1^f,20$

$$1 \text{ gram.} \qquad \text{»} \qquad \text{vaut } \frac{1,20}{4,40}$$

et 1 000 gram. \qquad » \qquad valent $\dfrac{1,20 \times 1\,000}{440} = 2^f73$

P. 722.   L'achat de Louis s'élève à :

3 douz. de fourchettes et cuillers, à 2^f,40...   7^f,20

24 assiettes, à.................... 0 ,175..   4 ,20

2 douzaines 1/2 assiettes plates, à.. 2 ,10...   5 ,25

18 assiettes à dessert, à 2^f,25 la douzaine....   3 ,38

Total.................. 20^f,03

P. 723.   Poids du tabac qu'on récolterait dans 40 ares :

$$\frac{1\ 250^{kg} \times 40}{100} = 500 \text{ kilogr.}$$

Valeur de ce tabac :

$$\frac{130^f \times 500}{100} \dots\dots\dots\dots \; 650 \text{ fr.}$$

P. 724.   Rendement d'une terre de 60 ares :

$$\frac{1\ 250^{kg} \times 60}{100} = 750 \text{ kilogr.}$$

Valeur de ce tabac :

$$\frac{100^f \times 750}{100} \dots\dots\dots\dots \; 750 \text{ fr.}$$

P. 725.   Rendement d'un terrain de 75 ares :

$$\frac{1\ 250^{kg} \times 75}{100} = 937^{kg},500.$$

Valeur de ce tabac :

$$\frac{80^f \times 937,500}{100} \dots\dots\dots\dots \; 750 \text{ fr.}$$

P. 726.   Poids moyen des feuilles d'un pied de tabac :

$$\frac{1\ 250^{kg}}{36\ 000} = 0^{kg},0346.$$

En supposant la terre carrée, chaque rangée aura :

$$\sqrt{36\ 000} = 190 \text{ pieds environ, et les}$$

pieds seront distants, dans tous les sens, de :

$$\frac{100^m}{190} = 0^m,526.$$

P. 727. Frais de labourage d'un hectare, à raison de 7 journées 1/2 : $6^f \times 7,5 = $ ...... **45 francs.**

Frais de labourage de 35 ares :

$$\frac{45^f \times 35}{100} \dots \dots \dots \dots \quad 15^f75$$

P. 728. Fumure de 35 ares :

$$\frac{60\,000 \times 35}{100} = 21\,000 \text{ kilogr. de fumier.}$$

Ce fumier représente :

$$\frac{21\,000}{750} = 28 \text{ mètres cubes.}$$

Valeur de ce fumier : $3^f,50 \times 28$ .... 98^f,00
Frais de labourage (p. **727**) .... 15 .75
Total .... 113^f,75

P. 729. Cette récolte coûterait :

1° Frais de labourage .... 45^f,00
2° Fumure (80 m. c. à 3^f,50) .... 280 ,00
3° 20 journées de travail, à 1^f,50 ..... 30 ,00
Total .... 355^f,00

P. 730. Quantité de tabac rendue par 40 ares :

$$\frac{1\,250 \times 40}{100} = 500 \text{ kilog.}$$

Ces 500 kg., à 1^f,50, valent (p. **723**) ..... 750 fr.
A déduire (p. **729**), frais de culture :

$$\frac{355^f \times 40}{100} \dots \dots \dots \dots \quad 142 \text{ fr.}$$

1° Revenu net .... 608 fr.
Valeur de 500 kg. de tabac, à 1 fr. .... 500 fr.
A déduire pour frais de culture .... 142 fr.

2° Revenu net .... 358 fr.
Valeur de 500 kg. de tabac, à 0^f,80 ...... 400 fr.
A déduire pour frais de culture .... 142 fr.

3° Revenu net .... 258 fr.

P. 751. Surface de la terre :

$$3,1416 \times 20^2 = 0^{ha},1256$$

Rendement : $10^{hl},50 \times 0,1256 = 1^{hl},52.$

Valeur de ces lentilles : $50^f \times 1,52$........ $59^f,60$

P. 752. Cette prairie est supposée de la contenance d'un hectare.
Foin et regain qu'elle produit :

$$2\ 500^{kg} + 1\ 500^{kg} = 4\ 000\ kg.$$

1° Valeur de 4 000 kg. de pâturin, à raison de 72 fr.

les 1 000 kg. : $\dfrac{72^f \times 4\ 000}{1\ 000}$............ $288^f,00$

Une prairie ordinaire produit (p. 611) :

$$1\ 825^{kg} + \frac{1\ 825}{4} = 2\ 281^{kg},250.$$

2° Valeur de ce foin : $\dfrac{72^f \times 2\ 281,250}{1\ 000}$.... $164^f,25$

Différence acquise au pâturin.... $123^f,75$

P. 753. Surface de la terre : $250^m \times 112 = 2^{ha},5760.$
Récolte fournie par cette terre :

$$9\ 000^{kg} \times 2,5760 = 23\ 184\ kilogr.$$

Valeur de cette ivraie : $\dfrac{72^f \times 23\ 184}{1\ 000}$.... $1\ 669^t,25$

P. 754. Cultivée en ray-grass d'Angleterre, la terre du numéro
précédent donnerait une récolte de :

$$5\ 500^{kg} \times 2,5760 = 14\ 168\ kilogr.,$$

d'une valeur de :

$$\frac{72^f \times 14\ 168}{1\ 000} \quad\text{............}\quad 1\ 020^f,10$$

P. 755. Surface de la luzernière :

$$\frac{125^m + 95}{2} \times 84 = 0^{ha},9280.$$

Rendement :

$$8\ 500 \times 0,9280 = 7\ 888\ \text{kilogr de luzerne},$$

d'une valeur de : $\dfrac{80^f \times 7\ 888}{1\ 000}$............ $631^f,05$

P. 736. Surface de cette terre : $48^m,50 \times 34,25 = 0^{ha},1661$

Rendement en trèfle rouge :

$$5\,000 \times 0,1661 = 850^{kg},500,$$

d'une valeur de : $\dfrac{85^f \times 850,500}{1\,000}$ . . . . . $70^f,60.$

P. 737. La herse ferait 100 tours sur le sens de la largeur de la terre et parcourrait :

$$92 \times 100 = 9\,200 \text{ mètres.}$$

Temps utile pour parcourir 9 200 mèt., à raison de 40 mèt. à la minute :

$$\frac{9\,200}{40} = 230 \text{ minutes ou 3 heures 5/6.}$$

Le hersage se payerait : $\dfrac{6 \times 3\,5/6}{8}$ . . . . $2^f,87$

P. 738. Le hersage, par l'emploi des bœufs, coûterait :

$$2^f,875 - \frac{2,875}{6} = 2^f,40.$$

P. 739. Fumier à employer pour 50 ares :

10 m. c., soit 7 500 kg.

1° Quantité de plâtre à ajouter à ce fumier :

$$\frac{7\,500 \times 10}{2\,500} = 30 \; \textit{kilogrammes.}$$

Rendement en froment de 50 ares $7^{hl},75$, d'une valeur de . . . . $20^f \times 7,75$ . . . . $155^f,00$

Plus-value de la récolte :

$$\frac{155}{3}, \text{ soit} \dots \dots \dots \dots \dots 51^f.65$$

P. 740. Cet escalier coûterait :

$$6^f,75 \times 42 \dots \dots \dots 283^f,50$$

P. 741.   La mise de fonds est de :

$$15\,617 + 14\,930 + 12\,091 = 42\,638 \text{ francs.}$$

$$\text{Part du 1}^{\text{er}}\ldots\ldots\ \frac{2\,131,90}{42\,638} \times 15\,617 = \quad 780^{\text{f}},85$$

$$\text{Part du 2}^{\text{e}}\ldots\ldots\ \frac{2\,131,90}{42\,638} \times 14\,930 = \quad 746\,,50$$

$$\text{Part du 3}^{\text{e}}\ldots\ldots\ \frac{2\,131,90}{42\,638} \times 12\,091 = \quad \underline{604\,,55}$$

$$\text{Total}\ldots\ldots\ 2\,131^{\text{f}},90$$

P. 742.   Le placement du premier négociant, quant à l'effet, représente :

$$6\,530^{\text{f}} \times 4\ldots\ldots\ldots\ldots\quad 26\,120 \text{ fr.}$$

Le placement du second représente :

$$13\,060^{\text{f}} \times 2\ldots\ldots\ldots\ldots\quad 26\,120 \text{ fr.}$$

Les mises de fonds sont égales, quant à l'effet; par conséquent, ces deux négociants auront chacun la moitié de 1 567 francs, soit 783^{f},50.

APPENDICE

—

NOMBRES COMPLEXES

—

MESURES DE LONGUEUR

P. 1. Longueur en brasses des trois murailles :
1e Muraille........ 25 brasses 1/2
2e — .... 22 » 1/2
3e — .... 26 » »

Total........ 74 brasses » qui font
$2^m \times 74 = 148$ *mètres*

P. 2. L'hectomètre vaut...... $\dfrac{100^m}{2} = 50$ brasses.

·Le kilomètre vaut...... $\dfrac{1\,000^m}{2} = 500$ »

Le myriamètre vaut.... $\dfrac{10\,000^m}{2} = 5\,000$ »

P. 3. Longueur en *brasses* du contour de la terre :
$$\dfrac{40\,000\,000}{2} = 20\,000\,000 \text{ de brasses.}$$

P. 4. Dans un décamètre, il y a $10 \times 3 =$ 30 *pieds.*
» un hectomètre, » $100 \times 3 =$ 300 »
» un kilomètre, » $1\,000 \times 3 = 3\,000$ »

P. 5. La longueur totale de ces arbres est de $45 \times 2 = 90$ *pieds* ;
leur longueur en *mètres* est de $\dfrac{90}{3} = 30$ *mètres*.

P. 6. La planche de 6 pieds vaut une *brasse* ; conséquemment, pour couvrir ce canal, il faudra employer 36 *planches* 1/2.

P. 7. Cette largeur est de : $0^m,027 + 7/9 \times 45 = 1^m,25$.

P. 8. Le nombre $0^m,231$ 13/27 réduit en 34èmes donne 12 500, et le nombre $0^m,002$ 17/54, 125.

La réponse à la question proposée est :

$$\frac{12\,500}{125} = 100 \; lignes.$$

P. 9. 1re SOLUTION. — $\dfrac{8^m,40}{1,20} = 7$ *aunes*, qui, à $1^f,50$, valent $10^f,50$.

2e SOLUTION. — A $1^f,50$ l'aune, le mètre vaut les 5/6 de 1,50, soit $\dfrac{1^f,50 \times 5}{6} = 1^f,25$, et $8^m,40$ valent aussi $10^f,50$.

P. 10. Le prix de l'aune est de : $\dfrac{432^f}{24} = 18$ francs.

Le prix du mètre est de : $\dfrac{18^f \times 5}{6} = 15$ *francs*.

P. 11. Le prix de l'aune de cadis est de : $\dfrac{15^f}{2,5} = 6$ francs.

Le prix du mètre est de........ $\dfrac{6^f \times 5}{6} = 5$ francs.

Donc $2^m,50$ de cadis seront payés :

$$5^f \times 2,50 \ldots\ldots\ldots\ldots \quad 12^f,50$$

P. 12. 25 aunes 3/4 se réduisent à $1^m,20 \times 25\,3/4 = 30^m,90$.

Le montant de cette vente est de :

$$2^f,50 \times 30,90 \ldots\ldots\ldots \quad 77^f,25$$

P. 13. Le prix de l'aune serait : $0^m,75 \times 8 = 6^f,00$.

Le prix du mètre : $\dfrac{6^f \times 5}{6} = 5$ francs.

P. 14.   75 mètres se réduiraient à : $\dfrac{75}{1,20} = 62$ aunes 1/2.

La pièce de toile a une valeur de :
$$2^f,10 \times 62 \ 1/2 \ldots\ldots\ldots\ldots \quad 131^f25$$

P. 15.   10 aunes 3/4 valent : $1^m,20 \times 10 \ 3/4 = 12^m,90$.

Prix de $12^m,90$ de lustrine :
$$1^f,05 \times 12,90 \ldots\ldots\ldots\ldots \quad 15^f,55$$

P. 16.   Longueur de 14 pièces de bois : $12 \times 14 = 168$ pieds.

Somme due au scieur de long :
$$0^f,15 \times 168 \ldots\ldots\ldots\ldots \quad 25^f20$$

MESURES DE SURFACE

P. 17.   La surface métrique d'une brasse carrée est égale à 4 m. *carrés.*

P. 18.   La surface métrique de 25 brasses carrées est de 100 m. *carrés.*

P. 19.   1° La surface métrique d'un pied carré est de :
$$0^m,33 \ 1/3 \times 0,33 \ 1/3 = 0^{mq},1111 \ 1/9.$$

2° La surface métrique d'un pouce carré est de :
$$0^m,027 \ 7/9 \times 0,027 \ 7/9 = 0^{mq},000 \ 771 \ 49/81.$$

3° La surface métrique d'une ligne carrée est de :
$$0^m,002 \ 17/54 \times 0,002 \ 17/54 = 0^{mq},00 \ 000 \ 5\dfrac{1045}{2916}$$

P. 20.   1° La surface métrique d'un pied-pouce est de :
$$0^m,33 \ 1/3 \times 0,027 \ 7/9 = 0^{mq},00925 \ 25/27.$$

2° La surface métrique d'un pied-ligne est de :
$$0^m,33 \ 1/3 \times 0,002 \ 17/54 = 0^{mq},00077 \dfrac{26}{162}$$

P. 21.

$$43^{mq} + 66 + 72 = 181^{mq}.$$

Ce nombre, exprimé en brasses carrées, égale :

$$\frac{181}{4} = 45 \text{ brasses carrées } 1/4.$$

P. 22.   172 pieds-lignes valent :

$$\frac{172}{12} = 14 \text{ pieds-pouces } 4 \text{ pieds-lignes,}$$

soit avec 124 pieds-pouces :

$$124 + 14 = 138 \text{ pieds-pouces, } 4 \text{ pieds-lignes,}$$

soit enfin $\frac{138}{12} = 11$ *pieds carrés* 6 *pieds-pouces* 4 *pieds-lignes.*

P. 23.   La surface du plancher est en mètres carrés (le mètre carré vaut 9 pieds carrés) :

$$\frac{150}{9} = 16 \text{ m. q. } 2/3.$$

P. 24.

	34 brasses carrées	06 pieds	05 pouces	10 lignes,
moins 12	—	18 —	08 —	11 —
reste 21	—	23 —	08 —	11 —

Explication.—11 lignes ne peuvent pas se retrancher de 10 lignes ; alors il faut ajouter 1 pouce ou 12 lignes à 10 lignes pour obtenir 22 lignes ; 22 lignes moins 11 lignes donnent pour reste 11 lignes ; le chiffre 5 des pouces a été diminué d'une unité, il ne vaut donc que 4 pouces ; 8 pouces ne peuvent pas se retrancher de 4 pouces ; il faut ajouter 1 pied ou 12 pouces à 4 pouces ; 12 pouces et 4 pouces font 16 pouces, qui, diminués de 8 pouces, donnent 8 pouces pour reste ; 18 pieds ne peuvent pas se retrancher de 5 pieds (on se rappelle que le chiffre 6 a été diminué d'une unité) ; on prend une brasse qui vaut 36 pieds carrés et l'on obtient $36 + 5 = 41$ pieds qui, diminués de 18 pieds, donnent pour reste 23 pieds ; enfin, 12 brasses retranchées de 33 brasses donnent 21 brasses carrées pour reste.

Il reste donc à vendre :

21 brasses carrées 23 pieds 8 pouces 11 lignes.

P. 25. Surface primitive de la table :

$$15 \; \textit{pieds} \; 06 \; \textit{pouces carrés},$$

moins . . . . 7 — 08 —

Surface actuelle. . . . 7 *pieds* 10 *pouces carrés.*

P. 26. La brasse carrée peut être représentée par 35 pieds carrés 11 pouces 12 lignes. Alors le problème s'établit de la manière suivante :

$$35 \; \text{pieds carrés} \; 11 \; \text{pouces} \; 12 \; \text{lignes}$$

moins . . . . . 1 — 09 — 07 —

Reste . . . . 34 pieds carrés 02 pouces 05 lignes pour la brasse confectionnée.

P. 27. Surface d'une latte : $4 \times 2 = 8$ pieds-pouces.

Lattes contenues dans une brasse carrée (v. le n° 15) :

$$\frac{432}{8} = 54 \; \textit{lattes.}$$

P. 28. Surface de la charpente : $75 \times 36 = 2\,700$ pieds carrés,

$$\text{ou} \; \frac{2\,700}{36} = 75 \; \text{brasses carrées.}$$

Le lattis de la charpente aura :

$$54 \times 75 = 4\,050 \; \text{lattes.}$$

Valeur de ces lattes : $0^{f},05 \times 4\,050$ . . . . 202^{f},50

P. 29. Cette surface est :

6 pieds 2 pouces

$\times$ 3

18 pieds q. 6 pouces, ou 18 pieds carrés 1/2.

P. 30.

1° — 18 pouces carrés 08 lignes.

2° — 21 — 10 —

3° — 35 — 07 —

4° — 27 — 08 —

Total . . . . . . 103 pouces carrés 09 lignes.

Quantité de pieds carrés et de parties de pieds carrés :

$$\frac{103}{12} = 8 \; \text{pieds carrés} \; 7 \; \text{pouces, et en définitive :}$$

8 *pieds carrés* 7 *pouces* 9 *lignes.*

P. 31. Surface de la boîte : 63 lignes plus 63 égalent 126 lignes.

   »   des côtés...................... 96 »

Surface totale....... 222 lignes.

ou 18 pieds 6 lignes.

P. 32.

$$1^\circ — 54 \text{ pieds carrés.}$$
$$2^\circ — 36 \quad — \quad 04 \text{ pouces.}$$
$$3^\circ — 38 \quad — \quad 03 \quad —$$
$$4^\circ — 42 \quad — \quad 11 \quad —$$

Total..... 171 pieds carrés 08 pouces, ou *4 brasses carrées 27 pieds 8 pouces.*

P. 33. Surface d'une planche : $6 \times 4 = 24$ pieds-pouces.

Planches contenues dans 32 toises ou 13 824 pieds-pouces :

$$\frac{13\,824}{24} = 576 \text{ planches.}$$

P. 34. Surface de 24 madriers :

$$10 \times 18 \times 24 = 4\,320 \text{ pieds-pouces,}$$

$$\text{ou } \frac{4\,320}{12} = 36 \text{ pieds carrés ou 1 } brasse\ carrée.$$

Le prix de ces madriers est 32 francs.

P. 35. Surface des planches débitées :

$$5 \times 8 \times 9 = 360 \text{ pieds-pouces,}$$

$$\text{ou } \frac{360}{12} = 30 \text{ pieds carrés ou } \frac{30}{36} \text{ de brasse carrée.}$$

Ce scieur de long recevra :

$$0^f,90 \times \frac{30}{36} \dots\dots\dots\dots\dots\dots\dots 0^f,75$$

P. 36. Surface de 42 planches : $6 \times 9 \times 42 = 2\,268$ pieds-pouces,

$$\text{ou } \frac{2\,268}{12} = 189 \text{ pieds carrés,}$$

$$\text{ou } \frac{189}{36} = 5 \text{ } brasses\ carrées\ 9\ pieds\ carrés.$$

P. 37. Surface de 576 planches :

$$6 \times 8 \times 576 = 27\ 648 \text{ pieds-pouces,}$$

$$\text{ou } \frac{27\ 648}{12} = 2\ 304 \text{ pieds carrés,}$$

$$\text{ou } \frac{2\ 304}{36} = 64 \text{ } \textit{brasses carrées.}$$

P. 38. Surface du mur, 52 toises valant 312 pieds :

$$6 \times 312 = 1\ 872 \text{ pieds carrés.}$$

Brasses carrées :

$$\frac{1\ 872}{36} = 52 \text{ brasses,}$$

Cet ouvrier recevra :

$$3^f,75 \times 52 \ldots \ldots 195 \text{ francs.}$$

P. 39. Surface de la couverture : $51 \times 48 = 2\ 448$ pieds carrés.

Surface d'une volige : $9 \times 5 = 45$ pieds-pouces.

Quantité des voliges comprises dans 2 448 pieds carrés,

$$\text{ou } 12 \times 2\ 448 = \frac{29\ 376}{45} = 652 \text{ } \textit{voliges } 4/5.$$

Quantité de mètres carrés :

$$\frac{2\ 448}{9} = 272$$

Valeur de 272 mètres carrés :

$$0^f,75 \times 272 \ldots \ldots 204 \text{ francs.}$$

MESURES DE VOLUME OU DE SOLIDITÉ

P. 40.

1° —	9	pouces 04	lignes cubes.
2° —	11	— 08	—
3° —	5	— 00	—
4° —	0	— 05*	—
5° —	4	— 10	—

Total...... 29 pouces 05 lignes cubes, ou 2 pieds 5 pouces 8 lignes cubes.

---

* La cheville de pied cube n'est autre chose qu'une *ligne cube* (v. n° 21).

P. 41. Volume de la poutre :

$$18 \times 15 \times 10 = 2\,700 \text{ *chevilles de pied cube.*}$$

$$\text{ou } \frac{2\,700}{12} = 225 \text{ *pouces cubes,*}$$

$$\text{ou } \frac{225}{12} = 18 \text{ *pieds 9 pouces cubes:*}$$

Le mètre cube vaut 27 pieds cubes.

Si 27 pieds cubes sont vendus 47^f,50

1 pied cube sera vendu $\dfrac{47,50}{27}$

et 18 pieds cubes 9 pouces seront vendus :

$$\frac{47,50 \times 18\ 3/4}{27} \dots\dots\dots\dots\dots\ 32^f,98$$

P. 42. Cette poutre a 15 pieds ou $15 \times 12 = 180$ pouces de longueur.

L'équarrissage de cette poutre est de : $\dfrac{180}{18} = 10$ *pouces.*

Son volume est de :

$$10 \times 10 \times 15 = 1\,500 \text{ chevilles de pied cube,}$$

$$\text{ou } \frac{1\,500}{144} = 10 \text{ pieds 5 pouces cubes, }$$

et sa valeur de : $\dfrac{56 \times 10\ 5/12}{27} \dots\dots\dots\ 21^f,6$

	pieds	pouces	lignes cubes.
P. 43. Volume du premier tronc d'arbre :	45	04	11
Volume du second tronc d'arbre :	37	08	05
Différence de volume :	7	08	06

	pieds	pouces	lignes cubes.
P. 44. Solidité demandée..............	58	00	05
Volume actuel de la poutre	54	09	06
Volume qu'il faudrait ajouter :	3	02	11

P. 45. Volume d'un soliveau :

$$6 \times 4 \times 12 = 288 \text{ chevilles de pied cube.}$$

Volume de trois soliveaux :

$$288 \times 3 = 864 \text{ chevilles de pied cube.}$$

$$\text{ou } \frac{864}{144} = 6 \text{ *pieds cubes.*}$$

P. 46. Volume du tas de pierres : $19 \times 4 \times 3 = 228$ pieds cubes qui font (la brasse cube vaut $6 \times 6 \times 3 = 108$ pieds cubes) :

$$\frac{228}{108} = 2 \ \textit{brasses cubes 12 pieds cubes.}$$

P. 47. Le mètre cube vaut : $3 \times 3 \times 3 = 27$ *pieds cubes.*

				pieds	pouces	lignes cubes.
P. 48. Volume de la 1re pièce de bois :				75	04	06
» de la 2e »	»	:		18	09	07
» de la 3e »	»	:		25	04	11
Volume total.........				119	07	00

P. 49. Volume de la bille :

$$3{,}1416 \times 5^2 \times 42 = 3\,298 \text{ chevilles de pied cube,}$$

ou $\dfrac{3\,298}{144} = 22$ pieds 10 pouces 10 lignes cubes.

Valeur de 22 pieds cubes.... $1^{\text{f}},35 \times 22$.... $29^{\text{f}},70$

» de 10 pouces cubes... $\dfrac{1^{\text{f}},35 \times 10}{12}$.... 1 ,13

» de 10 lignes cubes.... $\dfrac{1^{\text{f}},13 \times 10}{12}$.... 0 ,94

On payerait la bille de sapin..... $31^{\text{f}},77$

P. 50. Volume de la bille : 22 pieds 10 pouces 10 lignes cubes.

Moins........... 4 — 06 — 11 —

Reste:...... 18 *pieds* 3 *pouces* 11 *lignes cubes.*

P. 51. Le côté du plus grand carré possible de la pièce est de :

$$18^2 = 324.$$

$$\frac{324}{2} = 162.$$

$$\sqrt{162} = 12 \ \textit{pouces 8 lignes.}$$

P. 52. Volume du chêne équarri :

$$24^2 = 576.$$

$$\frac{576}{2} = 288.$$

$$\sqrt{288} = 17 \text{ pouces},$$ côté du plus grand équarrissage.

Volume : $17 \times 17 \times 45 = 13\,005$ chevilles de pied cube,

ou $\dfrac{13\,005}{144} = 90$ pieds 5 pouces 9 lignes cubes.

Valeur de 90 pieds : $\dfrac{54^f \times 90}{27}$ .... $180^f,00$

» de 5 pouces (le pied cube vaut $\dfrac{54}{27} = 2$ fr).

$$\dfrac{2^f \times 3}{12}$$ .... $0,50$

» de 9 lignes... $\dfrac{2^f \times 9}{144}$ .... $0,12$

Prix de ce chêne......... $180^f,62$

P. 53. Volume de la meule de foin :

$$8^{\text{pieds}}\,06^{\text{pouces}} \times 15 \times 17 = 2167 \text{ pieds } 06 \text{ pouces cubes},$$

ou $\dfrac{2\,167}{216} = 10$ brasses cubes 7 pieds cubes,

ou 80 mètres cubes 259 décimètres cubes.

Poids de $80^{mc},259$:

$$75 \times 80,259 = 6\,019^{kg},425.$$

Valeur de ce foin, à 72 fr. les 1 000 kg. :

$$\dfrac{72^f \times 6\,019,425}{1\,000}$$ .... $433^f,40$

P. 54. Valeur de 72 planches :

$$6 \times 9 \times 72 = 3\,888 \text{ chevilles de pied cube},$$

ou $\dfrac{3\,888}{144} = 27$ pieds cubes, ou *un stère*.

Valeur de 27 pieds cubes, ou un stère :

$$3^f \times 27 .... 81^f,00$$

P. 55.   Volume de chaque planche :

$$6 \times 6 \times 1 = 36 \text{ chevilles de pied cube,}$$

$$\text{ou } \frac{36}{12} = 3 \text{ pouces cubes,}$$

d'où il résulte que 4 planches font 1 pied cube.

Le mètre cube contient donc $4 \times 27 = 108$ *planches.*

Surface de 108 planches :

$$6 \times 6 \times 108 = 3\,888 \text{ pieds-pouces,}$$

$$\text{ou } \frac{3\,888}{12} = 324 \text{ pieds carrés,}$$

$$\text{ou } \frac{324}{36} = 9 \text{ *brasses carrées.*}$$

P. 56.   Volume de la couverture en plomb :

$$12^2 \times 2 = 288 \text{ lignes ou pieds-pieds-lignes,}$$

$$\text{ou } \frac{288}{144} = 2 \text{ pieds cubes.}$$

Poids de 2 pieds cubes de plomb :

$$395 \times 2 = 790 \text{ *kilogrammes.*}$$

P. 57.   Longueur de 23 soliveaux :

$$12 \times 43 = 516 \text{ pieds.}$$

1° — *Prix de 516 pieds :*

$$0^f,35 \times 516\ldots\ldots\ldots\ldots\ldots\ 180^f,60$$

Volume d'un soliveau de 4 m. de longueur :

$$0^m,20 \times 0,10 \times 4 = 0^{mc},080.$$

Volume de 43 soliveaux :

$$0^{mc},080 \times 43 = 3^{mc},440.$$

Prix d'un mètre cube :

$$\frac{180^f,60}{3,440} = 52^f,50.$$

2° — *Coût d'un pied cube :*

$$\frac{52^f,50}{27} \ldots\ldots\ldots\ldots\ldots\ldots\ 1^f,95$$

P. 58. Volume de la 1re pièce de bois : $\quad 6\times13^2 \quad =1\,014$ lignes.

$\quad\quad$ » $\quad$ de la 2^e $\quad$ » $\quad\quad$ » $\quad\quad 9\times14^2 \quad =1\,764$ »

$\quad\quad$ » $\quad$ de la 3^e $\quad$ » $\quad\quad$ » $\quad\quad 5\times13\times14= \;\; 910$ »

$\quad\quad$ » $\quad$ de la 4^e $\quad$ » $\quad\quad$ » $\quad\quad 9\times13^2 \quad =1\,521$ »

$\quad\quad$ » $\quad$ de la 5^e $\quad$ » $\quad\quad$ » $\quad\quad 7\times18\times15=1\,890$ »

$$\text{Total}\ldots\ldots\ldots\ldots 7\,099 \text{ lignes,}$$

$$\text{ou } \frac{7\,099}{144}=49 \text{ pieds carrés 3 pouces 7 lignes.}$$

P. 59. Volume d'un soliveau :

$$10\times20\times21=4\,200 \text{ lignes,}$$

$$\text{ou } \frac{4\,200}{144}=29 \text{ pieds cubes environ.}$$

Il ne faudrait pas un soliveau pour faire un mètre cube, chaque soliveau dépassant le mètre cube de 2 pieds cubes.

FIN

PARIS. — ÉDOUARD BLOT, IMPRIMEUR, RUE TURENNE, 66